福知山線

篠山線、加古川線、播但線、姫新線
高砂線、三木線、北条線、鍛冶屋線

1960～90年代の思い出アルバム

解説 辻 良樹

JN081490

1981（昭和56）年に塚口～宝塚間が電化。これにより大阪～宝塚間での電車運転が開始され、……
置された。当時はまだ旧型客車も走っていた福知山線だが、宝塚までは大都市圏の鉄道へ変わる一歩を踏み出した。大阪と
の直通運転のため、東海道本線京阪神緩行線のスカイブルーの103系と並ぶ場面も見られた。
◎川西池田　1982（昭和57）年9月4日　撮影：野口昭雄

.....Contents

1 章 カラーフィルムで記録された 福知山線と各線

2 章 モノクロフィルムで記録された 福知山線と各線

はじめに

　今回は、兵庫県の非電化路線を中心とした写真集。尼崎、加古川、姫路の各駅からは、写真集当時、今よりも多くの路線が分岐し、分岐した非電化路線から分岐する非電化路線も多かった。

　福知山線は、武庫川の渓谷沿いを蒸気機関車やディーゼル機関車が牽引する旧型客車の列車が主力で走り、ディーゼル特急「まつかぜ」やディーゼル準急、同急行が駆け抜けた。また、DD54形ディーゼル機関車の印象も強い。福知山線の列車は大阪〜福知山間通し運転が多くあった。また、福知山線川西池田駅と福知山線支線の尼崎港駅間に尼崎港線の列車が走っていた。福知山線の篠山口駅からは篠山線が分岐した。

　山陽本線加古川駅からは非電化時代の加古川線と廃線になった高砂線が分岐。加古川線と高砂線は共用ホームで、加古川線は北へ、高砂線は加古川駅構内を斜めに横切りホームとは逆の南側（海側）へ向かった。加古川線では厄神駅で三木線と分岐、粟生駅では北条線、野村駅（現・西脇市駅）では鍛冶屋線と、近距離で3線が分岐した。三木線を3セク化した三木鉄道三木線の廃線後に現存するのは、北条鉄道へ転換した北条線だけだ。

　山陽本線姫路駅からは、東から播但線、西から姫新線、西南からは廃止された飾磨港駅間の路線（播但線）が分岐。播但線は姫路〜和田山間の通し運行が基本の時代。生野越えは蒸気機関車時代の撮影名所で、DD54形が最後まで運用されたのが播但線だった。姫新線では、優等列車が運転され、普通列車は姫路〜津山間の通し運転が見られ、姫路の姫、新見の新からくる路線名に相応しい姫路〜新見間を乗換えなしで行くことができる鈍行列車もあった。

　各線、今はなき国鉄時代を思い出せる写真集になっている。

2023年10月 辻 良樹

単線非電化時代の福知山線を行くDD54形11号機牽引の列車。写真奥が宝塚駅で腕木式信号機が写真左側に写る。当時のDD54形は福知山機関区に全機が配置されていた。
◎宝塚〜中山寺　1976（昭和51）年　撮影：長谷川 明

福知山線の年表

1874（明治7）年5月11日	神戸～大阪間（現・東海道本線）が官設鉄道として開業。翌月1日には神崎（現・尼崎）駅が開業する。
1887（明治20）年4月	川辺馬車鉄道が、伊丹の酒造家・小西壮二郎らによって設立され、尼崎～伊丹～川西間、伊丹～川面村（現・宝塚市）間を政府に出願。翌年11月に特許を得る。
1889（明治22）年4月	川辺馬車鉄道の発起人らが別会社の摂津鉄道を発起し、川西からさらに三田・篠山・福知山・舞鶴への延長と、蒸気鉄道への動力変更を政府に出願する。
1891（明治24）年7月24日	川辺馬車鉄道が長洲（神崎駅の南西にあった）～尼ケ崎（後の尼崎港）間を開業する。
1891（明治24）年9月6日	川辺馬車鉄道の長洲～伊丹間が延伸開業。塚口駅が開業する。
1892（明治25）年6月30日	川辺馬車鉄道が摂津鉄道に改称し、川面村から生瀬までの延長と蒸気鉄道への動力変更を出願。12月に免許が交付される。
1893（明治26）年8月1日	大阪の住友吉左衛門らが発起した阪鶴鉄道が、大阪（曾根崎）～三田～篠山～柏原～福知山～綾部～舞鶴間を政府に出願する。
1893（明治26）年12月12日	摂津鉄道が馬車鉄道を軌間762mmの蒸気鉄道に改め、伊丹～池田（現・川西池田間）間を延伸開業する。
1894（明治27）年7月2日	阪鶴鉄道に神崎～福知山間の仮免許が交付される。
1896（明治29）年6月22日	阪鶴鉄道が池田～梅田間などを出願する。
1897（明治30）年2月16日	阪鶴鉄道が摂津鉄道を買収する。
1897（明治30）年4月	阪鶴鉄道が旧摂津鉄道尼ケ崎～塚口～池田間の軌間を762mmから1067mmに改軌される。
1897（明治30）年12月27日	阪鶴鉄道の池田～宝塚間が延伸開業する。
1898（明治31）年6月8日	宝塚～有馬口（現・生瀬）間が延伸開業。神崎～塚口間に東海道線との連絡線が完成する。
1898（明治31）年9月1日	阪鶴鉄道の列車が東海道線に乗り入れ、大阪～有馬口間で直通運転を開始する。
1899（明治32）年1月25日	有馬口～三田間が延伸開業する。
1899（明治32）年3月25日	三田～篠山（現・篠山口）間が延伸開業する。
1899（明治32）年5月25日	篠山～柏原間が延伸開業する。
1899（明治32）年7月15日	柏原～福知山南口（福知を経て廃止）間が延伸開業する。
1900（明治33）年9月14日	阪鶴鉄道に池田～梅田間の免許が交付される。
1900（明治33）年12月	阪鶴鉄道が福知山～舞鶴・宮津間を出願する。
1904（明治37）年11月3日	官設鉄道が福知山～新舞鶴（現・東舞鶴）間を開業。阪鶴鉄道が同区間を借り受けて営業開始する。
1906（明治39）年3月31日	鉄道国有法が公布。阪鶴鉄道の国有化が決定される。
1907（明治40）年8月1日	鉄道国有法に基づき阪鶴鉄道が国有化される。
1909（明治42）年10月12日	線路名称制定。神崎～福知山～綾部～新舞鶴間、塚口～尼ケ崎間が阪鶴線となる。
1910（明治43）年3月10日	箕面有馬電気軌道（現・阪急宝塚本線）が梅田～宝塚・箕面間を開業する。
1912（明治45）年3月1日	阪鶴線福知山～綾部～新舞鶴間が山陰本線と舞鶴線に分離され、神崎～福知山間、塚口～尼ケ崎間が福知山線となる。
1915（大正4）年4月16日	有馬鉄道（後の有馬線）が三田～有馬間を開業する。
1935（昭和10）年3月15日	福知山線経由の大阪～出雲今市（現・出雲市）～大社（後に廃止）間で急行が運転を開始する。
1937（昭和12）年8月	通勤列車用にガソリンカーの試運転が行われる。
1943（昭和18）年2月15日	戦時輸送態勢により大阪～大社間の急行が廃止される。
1943（昭和18）年7月1日	有馬線が休止（事実上廃止）する。
1944（昭和19）年3月21日	篠山線篠山口～福住間が開業する。
1947（昭和22）年6月29日	大阪～大社間で準急が運転を開始する。
1949（昭和24）年1月1日	神崎駅が尼崎駅に、尼ケ崎駅が尼崎港駅に改称される。
1960（昭和35）年6月1日	大阪～城崎間で気動車準急「丹波」が運転を開始する。
1961（昭和36）年8月10日	福知山線複線電化期成同盟会が結成される。
1961（昭和36）年10月1日	京都～大阪～松江間で特急「まつかぜ」が、大阪～浜田・大社間で急行「三瓶」が、京都・大阪～松江間で急行「白兎」が運転を開始する。

1965（昭和40）年3月1日	大阪〜天橋立間で準急「はしだて」が運転を開始する。
1966（昭和41）年3月5日	福知山線を走る準急がすべて急行に格上げされる。
1968（昭和43）年10月1日	福知山線経由の急行列車の愛称が、山陰地方向けは「だいせん」に、丹後地方向けは「丹波」に統合される。
1970（昭和45）年9月21日	国鉄が篠山線廃止を地元に提示される。
1971（昭和46）年8月27日	国鉄と地元代表者との間で、地元は国鉄の篠山線の廃止に同意し、その引き換えに国鉄は福知山線尼崎〜篠山口間を1980年頃までに複線電化するという内容の覚書が締結される。
1971（昭和46）年10月29日	三田市で開発される北摂三田ニュータウンに福知山線が乗り入れる構想が浮上する。
1971（昭和46）年12月8日	都市交通審議会が大阪圏の鉄道についての整備計画を運輸大臣に答申。片福連絡線（現・JR東西線）の建設と、福知山線篠山口までの複線化が盛り込まれる。
1972（昭和47）年3月1日	篠山線が廃止される。
1977（昭和52）年9月26日	運輸省が宝塚〜篠山口間の複線化を認可する。
1981（昭和56）年4月1日	尼崎〜宝塚間の電化と複線化が完成。猪名寺駅が開業。支線塚口〜尼崎港間（尼崎港線）の旅客営業が廃止される。
1984（昭和59）年2月1日	尼崎港線が廃止される。
1986（昭和61）年8月1日	宝塚〜三田間が新線に切り替わり複線化される。
1986（昭和61）年10月15日	三田〜新三田（翌月に開業）間が複線化される。
1986（昭和61）年11月1日	宝塚〜福知山間が電化。武田尾駅が新線上の現在地に移転。西宮名塩駅、新三田駅が開業。山陰本線福知山〜城崎間も同時に電化され、大阪〜城崎間で電車特急「北近畿」が運転開始。特急「まつかぜ」、急行「丹波」が廃止。急行「だいせん」は夜行列車のみとなる。
1987（昭和62）年4月1日	国鉄分割民営化によりJR西日本が継承する。
1988（昭和63）年7月16日	宮福鉄道（現・北近畿タンゴ鉄道宮福線）の開業に伴い、新大阪〜福知山〜天橋立間で特急「エーデル丹後」が運転を開始する。
1989（平成1）年3月11日	快速電車が運転を開始する。
1996（平成8）年3月16日	新大阪〜宮津〜久美浜間で特急「タンゴディスカバリー」が運転開始。「エーデル丹後」が廃止される。
1997（平成9）年3月8日	新三田〜篠山口間の複線化が完成。JR東西線が開業し、福知山線と直通運転を開始する。
1999（平成11）年10月2日	新大阪・久美浜・宮津間で特急「タンゴエクスプローラー」が運転開始。「タンゴディスカバリー」は京都発着の山陰本線経由となる。
2004（平成16）年10月16日	急行「だいせん」が廃止される。
2005（平成17）年4月25日	塚口〜尼崎間で上り快速電車が脱線し、2両が線路脇のマンションに衝突。107人が死亡。
2011（平成23）年3月12日	特急「北近畿」が「こうのとり」に改称、「文殊」「タンゴエクスプローラー」が廃止。287系電車が運行開始。
2012（平成24）年3月17日	113系電車・221系電車が運用終了。225系6000番台が運用開始。
2013（平成25）年3月16日	183系電車が運用終了となる。
2020（令和2）年3月14日	大阪〜篠山口間において区間快速が新設される。
2021（令和3）年3月13日	篠山口〜福知山間で「ICOCA」の利用が開始される。

加古川線の年表

1888（明治21）年12月23日	山陽鉄道（現・山陽本線）が明石〜姫路間を延伸開業。加古川駅が開業。
1889（明治22）年6月4日	土居源三郎らが、加古川から加東郡、多可郡、氷上郡、天田郡を経て舞鶴に至る南北鉄道を出願。
1889（明治22）年10月2日	南北鉄道の出願が却下される。
1892（明治25）年6月21日	鉄道敷設法が公布。この中で、京都〜舞鶴間もしくは土山〜舞鶴間の鉄道が比較線として取り上げられる。
1895（明治28）年11月	斯波与七郎らが、神戸から鵯越、三木、加東郡、多可を経て柏原に至る南北鉄道を計画。
1895（明治28）年12月28日	三宅忠蔵らが、明石から社を経て谷川に至る播磨鉄道を計画。

1896（明治29）年8月	高砂から加古川、国包、社を経て福知山に至る高福鉄道が計画される。
1897（明治30）年7月	播磨鉄道に仮免許が交付される。
1899（明治32）年5月25日	阪鶴鉄道（現・福知山線）の篠山〜柏原間が延伸開業。谷川駅が開業。
1900（明治33）年4月2日	播磨鉄道が解散する。
1906（明治39）年3月	高砂〜谷川間の電気鉄道敷設が計画される。
1907（明治40）年1月	斯波与七郎らが、播州鉄道の実現に向けて再び活動を開始。
1910（明治43）年11月1日	斯波与七郎らが、高砂〜西脇間と三木・北条・粟津（加古川駅南西の集落）への支線からなる播州鉄道を、軽便鉄道法にのっとって出願。
1911（明治44）年1月25日	播州鉄道に免許が交付される。
1911（明治44）年5月18日	播州鉄道が創立総会を開催する。
1912（明治45）年3月1日	播州鉄道が着工する。
1913（大正2）年4月1日	播州鉄道の加古川町（現・加古川）〜国包（現・厄神）間が開業。日岡駅、神野駅が開業する。
1913（大正2）年8月10日	播州鉄道の国包〜西脇（鍛冶屋線の駅を経て廃止）間が延伸開業。市場、小野町、粟生、河合西、大門口（現・青野ケ原）、社口（現・社町）、仮滝野（現・滝）の各駅が開業する。
1913（大正2）年9月1日	滝野駅が開業する。
1913（大正2）年10月22日	野村（現・西脇市）駅が開業する。
1914（大正3）年	この年、北播鉄道が西脇から鍛冶屋への路線を計画する。
1915（大正4）年3月3日	播州鉄道が支線の粟生〜北条町間を開業。後の北条線が全線開業する。
1915（大正4）年5月14日	加古川町駅が山陽本線加古川駅に統合される。
1916（大正5）年3月25日	播州鉄道が西脇から谷川までの路線延長の免許を出願する。
1916（大正5）年11月22日	播州鉄道が支線の国包〜別所間（後の三木線）を開業。国包駅を厄神駅、大門口駅を播鉄大門駅、社口駅を播鉄社駅、滝野駅を播鉄滝野駅とそれぞれ改称される。
1917（大正6）年1月23日	播州鉄道が支線の別所〜三木間を延伸開業。後の三木線が全通する。
1918（大正7）年	この年、沿線でバス会社が営業を開始して、播州鉄道の乗客を奪う。
1918（大正7）年5月7日	播州鉄道の中村〜杉原谷村間、西脇〜鍛冶屋間に免許が交付される。
1921（大正10）年5月9日	播州鉄道の西脇〜市原間が延伸開業する。
1922（大正11）年10月22日	播州鉄道が経営破綻。伊藤英一社長ら経営陣が退陣する。
1923（大正12）年4月27日	播州鉄道が新会社播丹鉄道に事業を譲渡し、解散することが決定する。
1923（大正12）年5月6日	播州鉄道の市原〜鍛冶屋間が開業。後の鍛冶屋線が全線開通する。
1923（大正12）年10月24日	播丹鉄道が創立総会を開催する。
1923（大正12）年12月21日	播丹鉄道が播州鉄道の営業を引き継ぐ。
1924（大正13）年12月27日	播丹鉄道の野村〜谷川間が延伸開業して加古川〜谷川間が全線開通。比延、黒田庄、本黒田、船町口、久下村の各駅が開業する。
1925（大正14）年10月1日	新西脇駅が開業する。
1926（大正15）年	この年、播丹鉄道に三木〜明石間の免許が交付されるも、実現に至らず。
1934（昭和9）年	播丹鉄道の経営が好転し配当を行う。
1943（昭和18）年6月1日	播丹鉄道が国有化され、加古川線、三木線、北条線、鍛冶屋線と分かれる。播鉄大門駅を青野ケ原駅、播鉄社駅を社町駅、播鉄滝野駅を滝野駅とそれぞれ改称する。
1947（昭和22）年8月	戦時中に国有化された全国の鉄道の関係者が結成した被買収鉄道還元期成同盟に旧播丹鉄道も加わり、路線の払い下げを国に求める。
1958（昭和33）年6月10日	加古川線の旅客列車がすべて気動車化される。
1972（昭和47）年3月	加古川線から蒸気機関車が引退し、無煙化が達成される。
1981（昭和56）年9月18日	運輸大臣塩川正十郎が第1次特定地方交通線の廃止を承認。加古川線の支線である高砂線、三木線、北条線が含まれ、廃止転換のための協議が始まる。
1984（昭和59）年12月1日	高砂線が廃止される。
1985（昭和60）年4月1日	三木線、北条線が廃止。それぞれ第三セクターの三木鉄道、北条鉄道に転換される。
1985（昭和60）年7月15日	日本へそ公園駅が臨時乗降場として開業する。

1987（昭和62）年2月3日	運輸大臣橋本龍太郎が第三次特定地方交通線の廃止を承認。鍛冶屋線廃止転換のための協議が始まる。
1987（昭和62）年4月1日	国鉄分割民営化。加古川線はJR西日本が承継する。
1990（平成2）年4月1日	鍛冶屋線が廃止される。これにより、国鉄再建法で廃止対象とされた赤字ローカル線83線の廃止、または第三セクターなどへの転換が完了。野村駅を西脇市駅と改称する。
1995（平成7）年1月17日	阪神・淡路大震災により山陽新幹線・山陽本線が不通となる。加古川線を迂回経路として、多くの臨時列車が運転される。
2004（平成16）年12月19日	全線が電化。加古川駅周辺が高架化される。横尾忠則氏デザインのラッピング電車が運転を開始する。
2008（平成20）年4月1日	三木鉄道が廃止される。
2015（平成27）年3月14日	路線記号の本格導入が開始される。ラインカラーが正式に設定される。
2016（平成28）年3月26日	加古川～西脇市間で「ICOCA」の利用が開始される。

播但線の年表

1874（明治7）年1月	フランス人技師の指導のもと、生野鉱山から鉱石を運び出すため、工部省鉱山寮によって生野と飾磨港を結ぶ生野鉱山寮馬車道が建設される。
1887（明治20）年11月5日	生野周辺の有力者である内藤利八、浅田貞次郎らが飾磨～姫路～生野間の馬車鉄道敷設を兵庫県知事に出願。翌年5月に免許が交付される。
1888（明治21）年12月23日	山陽鉄道（現・山陽本線）明石～姫路間の延伸に伴って姫路駅が開業する。
1889（明治22）年4月	飾磨～生野～福知山～舞鶴間の播丹鉄道を、東京の藤田高之らが政府に出願する。
1889（明治22）年10月18日	内藤利八らに藤田高之らが合流し、播但鉄道として馬車鉄道から蒸気鉄道への動力変更を政府に出願。
1892（明治25）年7月	播但鉄道が再度の免許出願を行う。
1893（明治26）年2月	鉄道会議において「陰陽連絡線」の経路として姫路～鳥取～境間が採択される。
1893（明治26）年3月8日	政府が播但鉄道に仮免許を交付し、6月には本免許も交付する。
1893（明治26）年11月8日	播但鉄道が生野～和田山間の延伸を出願する。
1894（明治27）年2月	民間の工学博士・南清を技師長とし、播但鉄道が飾磨～生野間を着工する。
1894（明治27）年7月	政府が播但鉄道に生野～和田山間の仮免許を交付し、1896年5月には本免許が交付される。
1894（明治27）年7月26日	播但鉄道が姫路～寺前間を開業。野里、香呂、福崎、甘地、鶴居の各駅が開業する。
1894（明治27）年10月	播但鉄道と山陽鉄道との間で合併構想が浮上する。
1895（明治28）年1月15日	播但鉄道が寺前～長谷間を延伸開業する。
1895（明治28）年4月17日	播但鉄道が長谷～生野間、姫路～飾磨（後の飾磨港）間を延伸開業する。
1896（明治29）年8月19日	仁豊野駅が開業する。
1896（明治29）年5月27日	播但鉄道が出願していた和田山から津居山（現・豊岡市）までの延伸に政府が仮免許を交付。翌年8月には本免許が交付される。
1897（明治30）年10月13日	播但鉄道と山陽鉄道との合併条件が折り合わず、播但鉄道の取締役会で合併が否決される。
1898（明治31）年2月18日	京口駅が開業する。
1898（明治31）年2月	播但鉄道が運賃を約2割値上げ。1901年4月にはさらに2割値上げする。
1898（明治31）年3月28日	溝口駅が開業する。
1899（明治32）年5月23日	播但鉄道の生野～和田山間が未完成のまま免許失効。これを受けて同区間を再出願し、7月に仮免許、10月に本免許が交付される。
1901（明治34）年8月29日	播但鉄道が生野～新井間を延伸開業する。
1902（明治35）年10月10日	播但鉄道が山陽鉄道に事業の譲渡を決定する。
1903（明治36）年5月31日	播但鉄道が事業を山陽鉄道に譲渡して解散、翌日から山陽鉄道の播但線として営業を開始する。
1906（明治39）年4月1日	新井～和田山間が山陽鉄道として延伸開業。竹田駅が開業する。

1906（明治39）年12月1日	鉄道国有法に基づき山陽鉄道が国有化。播但線と通称されるようになる。
1908（明治41）年7月1日	和田山〜八鹿間（現・山陰本線）が延伸開業。翌年9月までに城崎（現・城崎温泉）へ延伸する。
1909（明治42）年10月12日	線路名称制定。飾磨〜和田山〜城崎間が播但線となる。その後、1911年10月までに城崎〜香住間、和田山〜福知山間が播但線として延伸開業する。
1915（大正4）年9月21日	飾磨駅が飾磨港駅に改称する。
1923（大正12）年8月19日	神戸姫路電気鉄道（現・山陽電気鉄道）が明石駅前（現・山陽明石）〜姫路駅前（現・山陽姫路）間を開業。姫路〜飾磨間で播但線と並行する。
1934（昭和9）年8月10日	青倉駅が開業する。
1935（昭和10）年11月20日	砥堀駅が開業する。
1943（昭和18）年初頭	溝口駅から大阪陸軍航空補給廠姫路出張所に至る引込線が開設される。
1945（昭和20）年7月3日	「姫路大空襲」により姫路駅舎が焼失。翌年10月に2代目駅舎が完成する。
1951（昭和26）年10月15日	新野駅が開業。
1953（昭和28）年	播但線経由の大阪〜姫路〜城崎間で週末の臨時快速「ゆあみ」が運転を開始する。
1954（昭和29）年7月30日	大阪〜姫路〜城崎間で臨時快速「たじま」が運転開始。この頃、沿線の宅地化が進み通勤客が増加。各駅前で自転車預かり所が繁盛する。
1958（昭和33）年8月	沿線の町議会議長らが国鉄に対し、播但線の無煙化を要望する。
1958（昭和33）年10月1日	「ゆあみ」が臨時準急に格上げされる。
1959（昭和34）年4月6日	新井〜生野間の生野トンネル内で上り回送列車の乗務員が機関車の煙で窒息して失神。そのまま暴走して生野駅を通過し、眞名谷トンネル北口で脱線して転覆。乗務員2人が死亡。
1960（昭和35）年10月1日	臨時快速「たじま」が定期の準急に格上げされて気動車化。運転区間が大阪〜鳥取間に拡大する。
1961（昭和36）年10月1日	準急「たじま」が「但馬」に改称される。
1962（昭和37）年3月1日	準急「但馬」が1往復増発される。
1965（昭和40）年10月1日	準急「ゆあみ」を定期化して「但馬」に統合、更に1往復増発して「但馬」は4往復となる。
1966（昭和41）年3月5日	準急「但馬」が急行に格上げされる。
1972（昭和47）年3月15日	新大阪・大阪〜鳥取・倉吉間で特急「はまかぜ」がキハ80系気動車で運転を開始する。
1972（昭和47）年9月30日	姫路〜和田山間でC57形三重連によるSLさよなら列車が運転される。
1978（昭和53）年6月18日	播但線で最後まで運用されていたDD54形ディーゼル機関車がこの日限りで引退する。
1984（昭和59）年10月1日	京口〜野里間が高架化され、野里駅が移転する。
1986（昭和61）年11月1日	姫路〜飾磨港間（通称・飾磨港線）が廃止。これにより播但線の貨物営業が全廃。
1986（昭和61）年11月1日	特急「はまかぜ」が1往復増発、急行「但馬」が1往復削減する。
1987（昭和62）年4月1日	国鉄分割民営化によりJR西日本が継承する。
1990（平成2）年3月10日	播但線の普通列車では初の冷房車となる12系客車1000番台が投入される。
1992（平成4）年3月14日	播但線の客車列車が廃止される。
1995（平成7）年1月17日	阪神・淡路大震災で山陽本線・山陽新幹線が不通となり、復旧する4月まで播但線を迂回経路として多くの臨時列車が運転される。
1996（平成8）年3月16日	急行「但馬」が廃止。特急「はまかぜ」が1往復増発されて3往復となる。
1998（平成10）年3月14日	姫路〜寺前間が電化される。
2008（平成20）年12月22日	姫路〜京口間が高架化される。
2009（平成21）年3月26日	JR西日本が、特急「はまかぜ」へ最高時速130kmの新型車を2011年春に投入すると発表。
2016（平成28）年3月26日	姫路〜寺前間で「ICOCA」の利用が開始される。
2021（令和3）年3月13日	生野駅・竹田駅・和田山駅で「ICOCA」の利用が開始される。

姫新線の年表

1898（明治31）年12月21日	中国鉄道の岡山市（後に廃止）〜津山（現・津山口）間（現・津山線）が開業する。
1909（明治42）年1月1日	龍野電気鉄道（後の播電鉄道）糸井〜龍野町（後の播電龍野）間が開業する。
1923（大正12）年8月21日	作備線の津山〜美作追分間と津山口〜津山間が開業。院庄、美作千代、坪井の各駅が開業する。
1923（大正12）年12月	播美鉄道が資金難により工事を中止する。
1924（大正13）年5月1日	作備線の美作追分〜久世間が延伸開業。美作落合駅が開業する。
1925（大正14）年3月15日	作備線の久世〜中国勝山間が延伸開業する。
1928（昭和3）年3月15日	因美南線の津山〜美作加茂間が開業する。
1929（昭和4）年4月14日	新見〜岩山間が作備西線として開業。従来の作備線が作備東線に改称される。
1930（昭和5）年9月1日	姫津線の姫路〜余部間が開業。播磨高岡駅が開業する。
1930（昭和5）年12月11日	中国勝山〜岩山間が延伸開業し、作備線が全通。月田、富原、刑部、丹治部の各駅が開業する。
1931（昭和6）年12月23日	姫津線の余部〜東觜崎間が延伸開業。太市駅、本竜野駅が開業する。
1932（昭和7）年7月11日	姫津線の東觜崎〜播磨新宮間が延伸開業する。
1934（昭和9）年3月24日	姫津線の播磨新宮〜三日月間が延伸開業。千本駅、西栗栖駅が開業する。
1934（昭和9）年11月28日	東津山〜美作江見間が姫津西線として開業。美作大崎、勝間田、林野の各駅が開業。従来の姫津線が姫津東線に改称される。
1934（昭和9）年12月15日	播電鉄道が廃止される。
1935（昭和10）年7月30日	姫津東線の三日月〜佐用間が延伸開業。播磨徳久駅が開業する。
1936（昭和11）年4月8日	佐用〜美作江見間が延伸開業し、姫津線が全通。上月、美作土居の各駅が開業する。
1936（昭和11）年10月10日	姫津線・作備線・因美線津山〜東津山間を合わせて姫新線とする。
1944（昭和19）年6月1日	中国鉄道が国有化。津山〜津山口間は津山線に編入される。
1954（昭和29）年10月1日	楢原駅が開業する。
1958（昭和33）年4月1日	古見駅が開業する。
1960（昭和35）年10月1日	準急「みささ」が姫新線を経由する大阪〜津山〜上井（現・倉吉）間で、準急「みまさか」が大阪〜中国勝山間で運転を開始する。
1963（昭和38）年10月1日	西勝間田駅が開業する。
1965（昭和40）年10月1日	準急「かいけ」が姫新線を経由する大阪〜津山〜鳥取〜米子間で運転を開始する。
1966（昭和41）年3月5日	姫新線を走る準急が急行に格上げされる。
1968（昭和43）年10月1日	急行「みささ」「かいけ」が「伯耆」に改称、統合される。急行「やまのゆ」は「みまさか」に統合される。
1972（昭和47）年3月15日	急行「やまのゆ」が津山〜広島間で運転を開始する。
1975（昭和50）年3月10日	急行「伯耆」が「みささ」に改称される。
1975（昭和50）年11月1日	大阪〜津山間に中国自動車道経由の高速バスが運転を開始する。
1987（昭和62）年4月1日	国鉄分割民営化。姫新線はJR西日本が継承する。
1989（平成1）年3月11日	急行「みささ」「みまさか」が廃止される。
1994（平成6）年12月3日	智頭急行上郡〜智頭間が開業する。
2010（平成22）年3月13日	姫路〜上月間の高速化工事が完成する。
2016（平成28）年3月26日	姫路〜播磨新宮間で「ICOCA」の利用が開始される。
2018（平成30）年7月5日	豪雨により津山〜新見間が不通、8月31日までに全線で運転再開。

関係資料をもとに編集部にて作成

福知山線（尼崎周辺）1966（昭和41）年

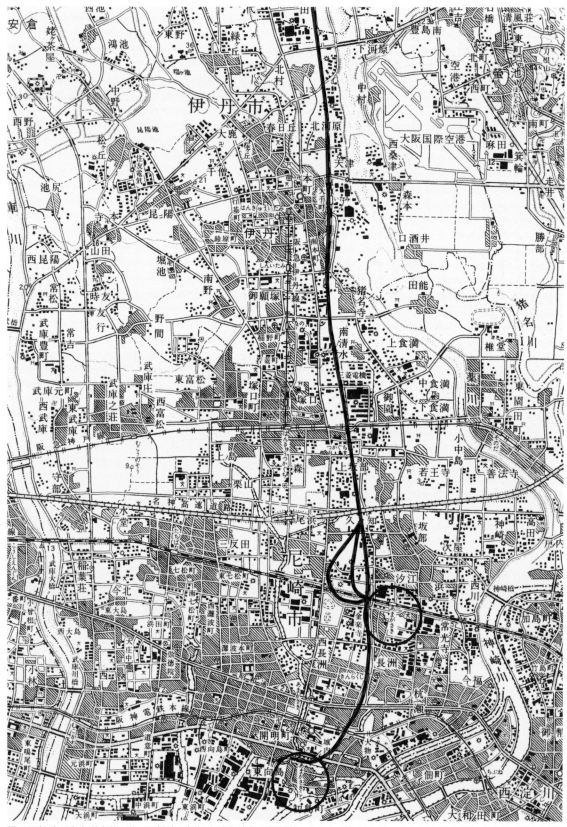

横の国鉄線が東海道本線、縦の国鉄線が福知山線支線（尼崎港線）、その左が福知山線。東海道本線と福知山支線（尼崎港線）
との交点付近に尼崎港線用の尼崎乗降場（後の尼崎臨時乗降場）があった。

福知山線（三田付近）1966（昭和41）年

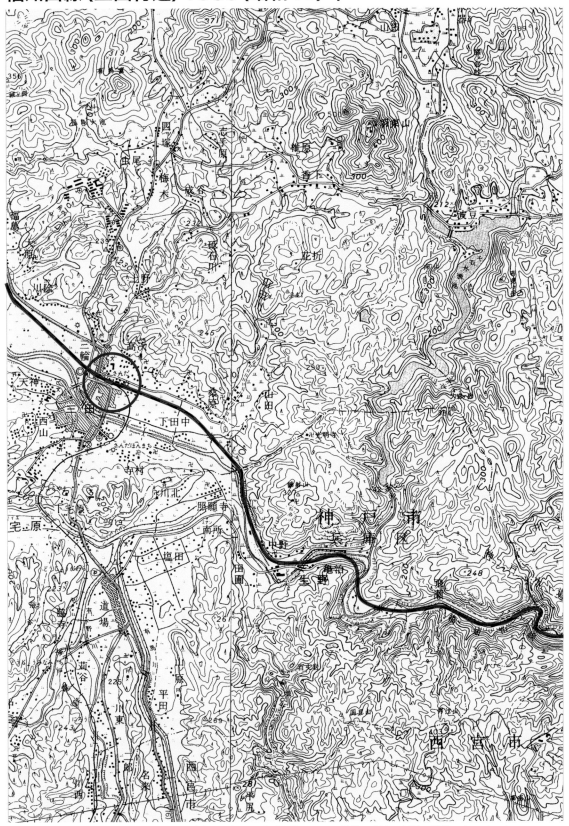

三田は地図左側。福知山線は地図右側。武庫川に沿って山間を抜けている路線。現在は新線の複線になっている。

福知山線（福知山周辺）　1966（昭和41）年

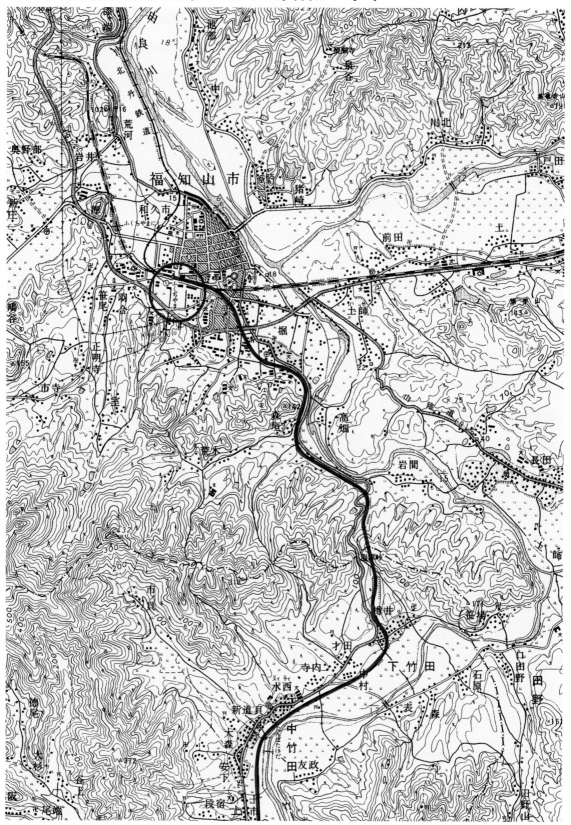

横の国鉄線が山陰本線、南側へ分岐するのが福知山線。福知山市と記された文字の向うに北丹鉄道の名が見られる。福知山は、国鉄福知山鉄道管理局が置かれた鉄道の要衝である。

篠山線（篠山口周辺）1966（昭和41）年

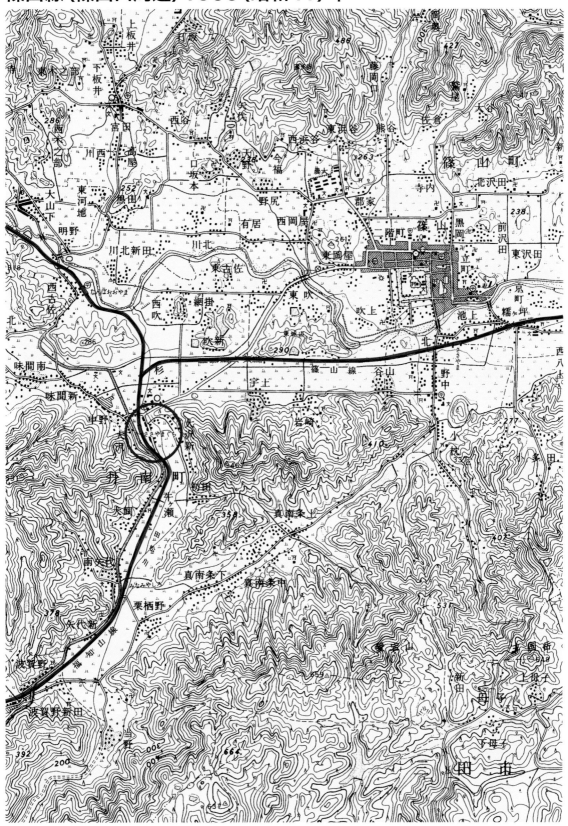

地図左側に篠山口駅。福知山線から分岐して右（東）へ向かう横の国鉄線が篠山線。篠山町の市街地の南方に篠山駅がある。なお、篠山口駅や篠山線の篠山駅は篠山町にはなく、隣町の丹南町に所在した。現在は篠山町も丹南町も合併で同じ丹波篠山市だ。

加古川線、高砂線　1966（昭和41）年

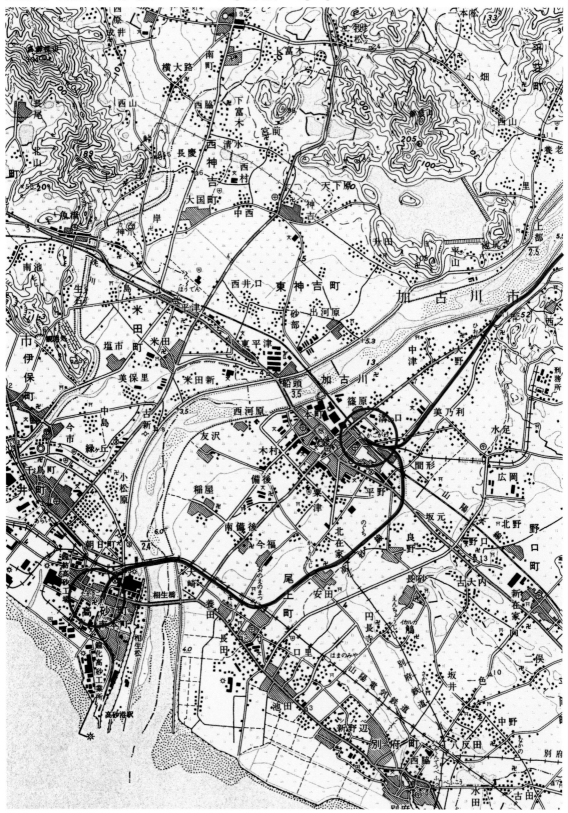

地図、中ほどに位置するのが加古川市の市街地、山陽本線があり、北東へ加古川線、南の海側へ高砂線が延びる。野口は別府鉄道との乗換駅。尾上町で山陽電気鉄道と接近。西へ進み加古川を渡り高砂駅へ。高砂港駅がその先にある。高砂町とは高砂市の町名。

播但線（姫路周辺）　1966（昭和41）年

姫路市街地中心に姫路城。市街地の南に姫路駅。横の国鉄線が山陽本線。播但線の和田山方面は北へ、播但線の飾磨港方面は南へ。姫新線は北西へ延びる。

姫新線（本竜野周辺）　1966（昭和41）年

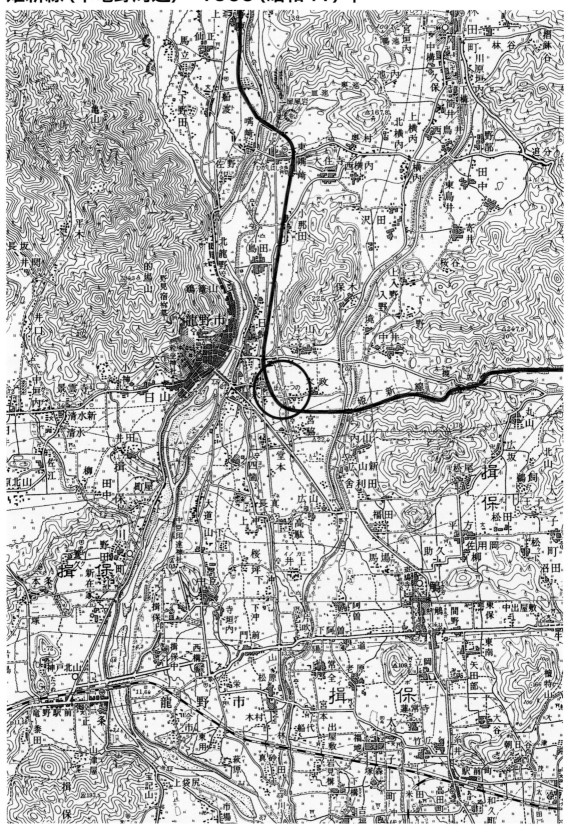

旧市名は龍野市だが、駅名は本竜野。市街地と駅は揖保川を挟んで離れている。なお、山陽本線の竜野駅は旧揖保川町（現・たつの市）。山陽本線竜野駅は、龍野市（現・たつの市）の中心市街地とはかなり離れている。

三木線　1966（昭和41）年

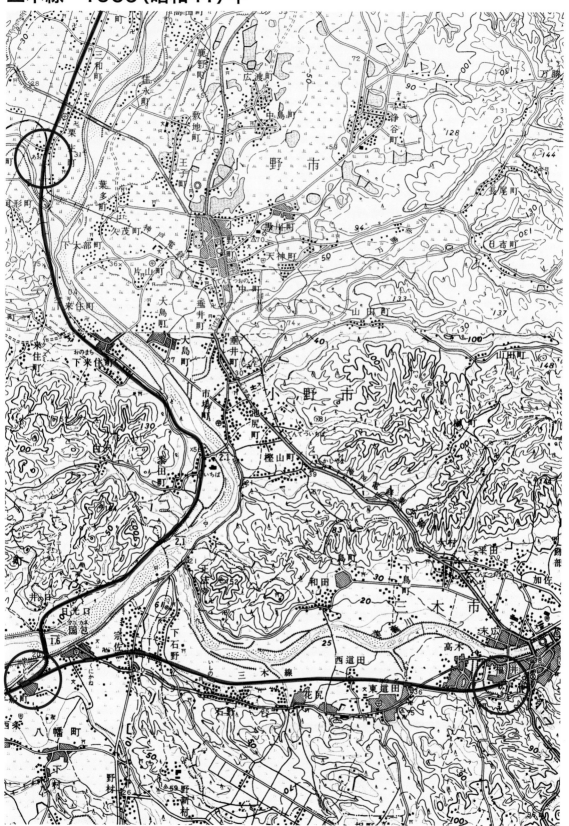

地図下が国鉄三木線。後の三木鉄道三木線。地図左が加古川線との分岐駅である厄神駅。国包、石野、別所、三木と続く。国鉄時代の地図で、三木鉄道三木線へ転換した後に開業した駅はまだ無い。

北条線　1966（昭和41）年

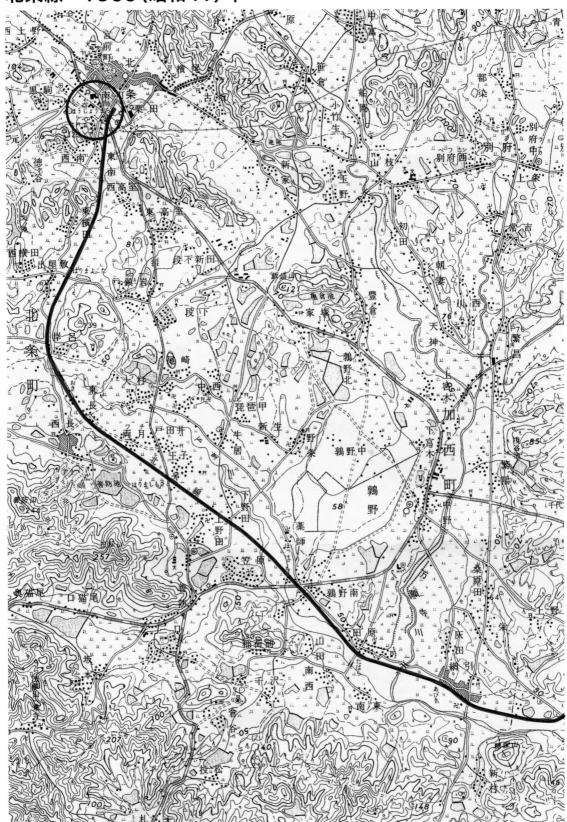

地図右側向こう、加古川線粟生駅から分岐した国鉄北条線は網引、田原、法華口、播磨下里、長と進み、北へ進路を変えて、播磨横田、終着の北条町へ。地図は、北条町、泉町、加西町の合併によって1967（昭和42）年に加西市が誕生する前のもの。

鍛冶屋線　1966（昭和41）年

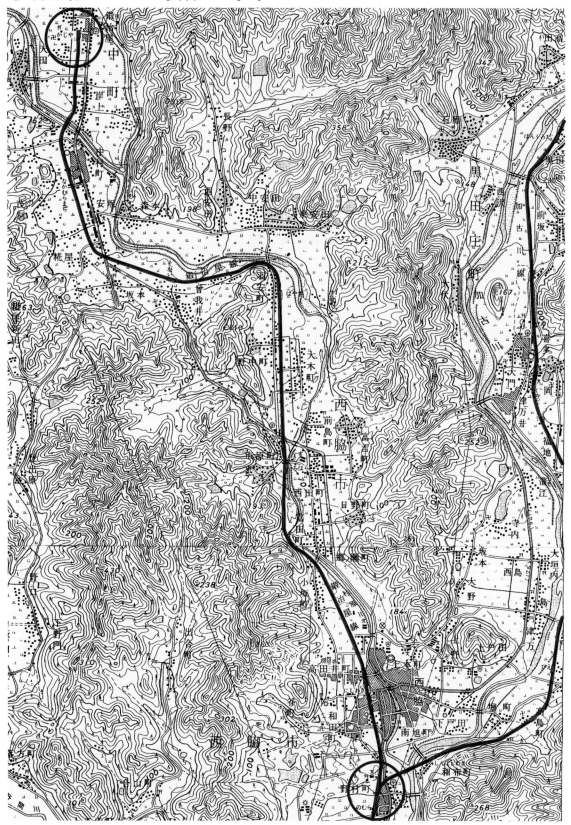

地図右下、加古川線との分岐駅、野村（現・西脇市）を出ると、西脇市の中心地にある西脇駅。北上して市原、羽安と続き、西へ向けて直角状に進路を変えて曽我井。ふたたび北上して中村町を経て終着の鍛冶屋に達した。

本書に登場する路線の時刻表
（昭和38年4月訂補、一部は昭和37年10月訂補正）

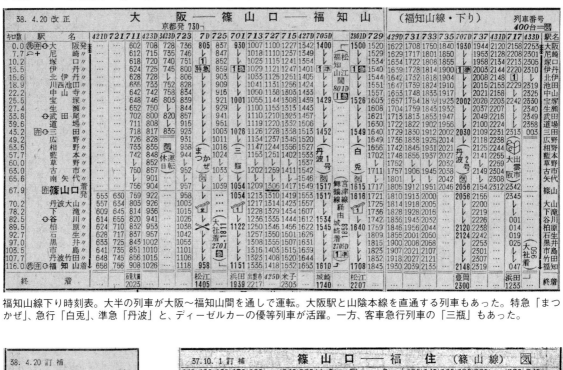

福知山線下り時刻表。大半の列車が大阪〜福知山間を通しで運転。大阪駅と山陰本線を直通する列車もあった。特急「まつかぜ」、急行「白兎」、準急「丹波」と、ディーゼルカーの優等列車が活躍。一方、客車急行列車の「三瓶」もあった。

篠山線は篠山口〜福住間の路線。気動車が折り返し運行した。篠山町の中心地寄りの篠山駅などを結んだが、篠山口駅は丹南町に所在。篠山駅も丹南町で、篠山町には鉄道駅が無かった。篠山駅は篠山線廃線で廃駅に。篠山口駅は篠山町と丹南町などの合併で誕生した篠山市所在の駅となり、現在は市名変更で丹波篠山市に所在する駅になっている。

福知山支線（尼崎港線）の尼崎港駅と福知山線の川西池田駅を結んだ尼崎港線の列車時刻表。1日数往復であった。

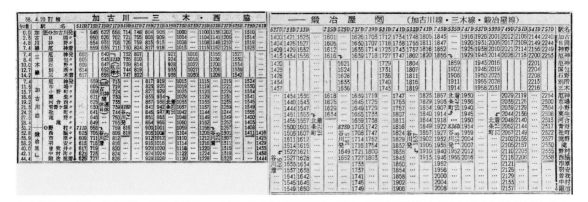

加古川線、三木線、鍛冶屋線の共通時刻表。三木線は加古川線直通列車が多く、鍛冶屋線は加古川線と直通する列車が大半で、鍛冶屋線西脇駅は、鍛冶屋線が分岐する加古川線野村（現・西脇市）駅よりも終始発の列車が多く、乗降客が多い中心駅であったことがわかる。

38. 4.20 訂補　野　村　—　谷　川

キロ数	駅名	811D	813D	815D	817D	819D	821D	823D	825D	827D	829D	831D	833D	835D
0.0	野村発	526	615	700	818	930	1200	1411	1532	1702	1801	1840	1958	2111
1.1	新西脇〃	529	618	703	821	933	1203	1414	1535	1705	1804	1843	2001	2114
3.4	比延〃	533	622	707	825	937	1207	1418	1539	1709	1808	1847	2005	2118
7.3	黒田庄〃	539	628	714	831	945	1213	1424	1545	1717	1814	1855	2011	2123
10.8	本黒田〃	546	635	720	837	951	1219	1430	1552	1724	1820	1902	2018	2139
12.6	船町口〃	550	639	724	840	955	1224	1434	1556	1728	1824	1906	2022	2139
15.1	久下村〃	555	644	728	845	1000	1229	1439	1601	1733	1829	1911	2027	2144
17.3	谷川着	559	648	732	849	1004	1233	1443	1605	1737	1833	1915	2031	2148

（時刻欄には「西脇発 515」「加古川発 546」「鍛冶屋発 732」「加古川発」「西脇発 1655」「加古川発 1421」「西脇発 1751」の注記あり）

加古川線野村（現・西脇市）～谷川間は、現在もそうだが、加古川～野村（現・西脇市）・鍛冶屋線西脇（現・廃駅）に比べて格段に本数が少ない。よって、昔も現在の時刻表も加古川～野村（現・西脇市）間とは別掲載である。野村（現・西脇市）で運転系統が分割してあるのも昔も現在も同じだが、野村（現・西脇市）以北も加古川駅発着の列車は少ないながらあり、加古川～谷川間の通し運転は現在もある。なお、時刻欄に鍛冶屋線の西脇や鍛冶屋とあり、野村以北と鍛冶屋線を直通する列車があった。

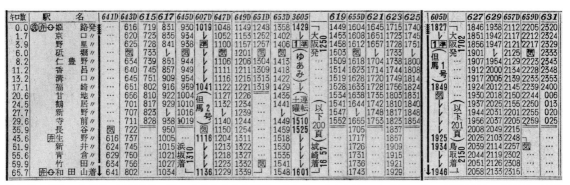

キロ数	駅名	641D	643D	615	617	645D	607D	647D	649D	651D	653D	3605	619	655D	621	623	625	605D	627	629	657D	659D	631
0.0	姫路発	‥	616	719	831	930	1019	1048	1149	1248	1358	1429	1449	1604	1645	1715	1740	1827	1846	1938	2112	2205	2320
1.7	京口〃		620	723	835	934		1052	1153	1252	1402		1453	1608	1651	1723	1745	1851	1942	2117	2212	2324
3.9	野里〃		625	728	841	938		1100	1157	1257	1406		1458	1612	1657	1728	1751	1856	1947	2122	2217	2329
6.0	砥堀〃		733			園	1201	園		1503	園		1733			1901		2125		2333
8.2	仁豊野〃		634	739	851	944		1106	1204	1302	1413		1509	1616	1704	1738	1808	1907	1954	2129	2223	2343
11.2	香呂〃		640	747	857	949		1111	1211	1309	1418		1514	1625	1714	1744	1813	1912	2000	2134	2228	2348
13.2	溝口〃		645	751	909	954		1116	1215	1313	1422		1519	1628	1720	1749	1818	1917	2005	2139	2233	2353
17.1	福崎〃		651	802	916	959	1041	1123	1221	1319	1429		1528	1633	1728	1756	1823	1924	2012	2145	2239	000
20.6	甘地〃		656	810	922	1004		1127	1226	1435			1534	1638	1735	1803	1831	1930	2018	2150	2250	006
24.5	鶴居〃		701	817	929	1010		1132	1234	1441			1541	1644	1742	1810	1837	1937	2025	2155	2250	013
27.7	新野〃		707	823	938	1016		1140	1239				1547	1648	1748	1817	1848	1944	2031	2205	2259	025
29.6	寺前着		722			園		1145	1254		1449	1510	1552	1655	1753	1823	1854	1956	2037	2205	2259	025
35.9	長谷〃	園		950		1150	1264		1459	1525			1705		1837		2008	2049	2215		
43.6	生野〃	616	737		1005		1116	1204	1311		1518			1717		1857		2025	2103	2248	
51.9	新井〃	624	745		1015	浜坂 1310		1213	1322		1530			1726		1909		2039	2114	2257	園
55.6	青倉〃	629	750		1021	坂着		1218	1327		1535			1730		1915		2044	2119	2302	
59.9	竹田〃	634	756		1027			1223	1332	園	1541			1736		1921		2051	2126	2308	
65.7	和田山着	641	802		1034		1136	1229	1339		1548	1601		1743		1929		2058	2133	2315	

（607D に「但馬2号」、653D に「但馬1号」「大阪発1250」「ゆあみ」、3605 に「土曜運転」「以下200頁」「城崎着1657」、619 に「大阪発1702」「但馬1号」「1849 園」「以下201頁」「鳥取着2150」「1925 / 1934 / 1946」などの注記あり）

播但線は姫路～寺前間の運行本数が多いのは今も昔も同じ。今と昔の大きな違いは、姫路～和田山間を通しで運行する列車が走っていたこと。寺前を境に電化、非電化区間に分かれた現在では隔世の感だ。特急「はまかぜ」はデビュー前、準急「但馬」が速達列車。土曜運転の準急「ゆあみ」の停車駅が寺前と長谷で生野は停車駅ではない。

姫　路　—　飾　磨　港（播但線）園

キロ数	駅名	521D	523D
0.0	姫路発	738	1738
2.4	亀山〃	743	1743
4.3	飾磨〃	748	1749
5.6	飾磨港着	751	1753

キロ数	駅名	522D	524D
0.0	飾磨港発	758	1800
1.3	飾磨〃	802	1804
3.2	亀山〃	807	1809
5.6	姫路着	813	1815

朝1往復と夕1往復の姫路～飾磨港間折り返し運用の時刻表。姫路～和田山間の播但線と同じ播但線の一部で支線ではなかったが、運行の実態は支線と変わらなかった。飾磨港発着の気動車は姫路駅の西7番ホームという離れ孤島の発着で、駅ビル側（駅北側）の東ホームから発着した播但線姫路～和田山方面とは真逆の駅南側ホームの端から発着した。

37. 10. 1 訂補　加　古　川　—　高　砂

キロ数	駅名	311D	313D	315D	317D	319D	321D	323D	325D	327D	329D	331D	333D	335D	337D	339D	341D
0.0	加古川発	600	702	742	825	932	1056	1138	1244	1410	1517	1625	1700	1804	1842	1947	2115
2.0	野口〃	604	706	746	829	936	1100	1142	1248	1414	1521	1629	1709	1808	1846	1951	2119
2.7	鶴林寺〃	606	708	748	831	938	1102	1144	1250	1416	1523	1631	1711	1810	1848	1953	2121
3.7	尾上〃	609	711	751	834	941	1105	1147	1252	1419	1526	1634	1714	1813	1851	1956	2124
5.7	高砂北口〃	613	715	755	838	945	1109	1151	1257	1423	1530	1638	1718	1817	1855	2000	2±28
6.3	高砂着	615	717	757	839	946	1111	1153	1259	1425	1532	1640	1720	1819	1857	2002	2130

山陽本線加古川駅から分岐した高砂線。北へ分岐の加古川線に対して、高砂線は南側（海側）へ向かった。野口駅では別府鉄道とプラットホームを共用。時刻表は旅客駅のみの掲載で、高砂線の終点は、高砂駅の先の貨物駅、高砂港駅だった。

姫 路 ── 津 山 ── 新 見　　（姫新線・下り）

キロ数	駅 名	811D	831D	813	831	815	833	851D	853D	817	855D	819	857D	809D	606D	821	859D	837D	823	835	805D	837	861D	825	839	841	863D	駅名
0.0	姫 路 発	…	…	448	619	704	805		915	951	1116	1233	1339	1404		1455	1556	…	1702	1741	1821	1843	1911	1937	2032	2205	2327	姫路
3.8	播磨高岡 〃	…	…	454	625	711	811		921	957	1122	1239	1345			1501	1602		1708	1748		1849	1917	1943	2039	2209	2333	高岡
6.1	余 部 〃	…	…	459	630	715	816		927	1002	1127	1244	1349			1506	1607		1713	1755		1855	1921	1948	2044	2214	2337	余部
9.9	太 市 〃	…	…	505	636	724	822		934	1008	1133	1250	1356			1512	1613		1719	1802		1902	1928	1956	2053	2220	2344	太市
14.9	本 竜 野 〃	…	…	515	646	737	832		944	1018	1142	1300	1406	1421		1523	1623		1729	1811	1839	1912	1936	2005	2103	2230	2352	本竜野
17.8	東 觜 崎 〃	…	…	520	651	742	837			1023	1147	1305	1411			1529	1628		1736	1816		1917	1944	2010	2108	2237		東觜崎
22.1	播磨新宮 〃	…	…	627	657	750	843	853	1000	1031	1156	1312	1419	1430		1540	1638		1743	1824	1851	1924	1951	2017	2117	2244	005	新宮
27.6	千 本 〃	…	…	536		759				1040		1326				1549	1648		1753	1833		2001	2026	2126				千本
31.2	西 栗 栖 〃	…	…	544	休	806		910		1048	1213	1326				1558	1656		1801	1840		2008	2034	2135	…			栗栖
36.6	三 日 月 〃	…	…	556	運	817		919		1058	1222	1342				1609	1708		1811	1851		2017	2044	2146				日久
42.5	播磨徳久 〃	…	…	605	日	829		920		1106	1229	1352				1618	1716		1819	1902	1925	2025	2052	2155				徳佐用
45.9	佐 用 〃	…	…	617	休	840		934		1115	1238		1459			1630	1725		1834	1917		2033	2102	2204				上月
50.9	上 月 〃	…	…	624		851		941		1122	1244	1409				1643			1847	1918		2040	2109					江見
57.6	美作土居 〃	…	…	639		906				1137		1425				1659			1902				2125					土居
63.0	美作江見 〃	…	…	647		914				1145		1433				1707			1910				2133					江見
66.4	楢 原 〃	…	…	654		921	835D			1152		1439				1713			1917				2140					楢原
70.4	林 野 〃	…	…	700		927				1158		1445		1528		1720			1923		1953		2146					林野
74.3	勝 間 田 〃	…	…	708		935				1205		1452				1727			1930				2153					勝間
79.3	美作大崎 〃	…	…	718		944				1214		1502				1737			1939				2202					大崎
83.7	東 津 山 着	…	…	726	833D	953				1223		1514				1750			1948				2211					東津
86.3	津 山 発着	…	…	731		958				1213		1519		1546	1539	1759			1953		2011		2216					津山
90.8	院 庄 〃	524	638	739	913	1014			1220	1237		1527		1552	1600	1800		1856	2026		2017							院庄
95.6	美作千代 〃	531	644	746	923	1021			1232	1245		1535				1808		1902	2033									千代
98.3	坪 井 〃	538	650	753	929	1028			1238	1252		1542				1816		1909	2040									坪井
103.9	美作追分 〃	545	658	758	954	1033			1245	1257		1547		上井		1822		1915	2045									追分
110.9	美作落合 〃	553	711	812	943	1043			1252	1307		1557		因美線	1633	1842		1924	2055		2048							合見
114.6	古 世 〃	602	720	822	951	1052			1300	1316		1606		由		1848		1932	2104									古世
118.9	久 世 〃	608	725	828	956	1058				1322		1612		以	1642	1853		1938	2110		2054							久世
123.8	中国勝山 〃	615	732	858	1002	1105				1329		1619		下	1850	1858		1943	2117									勝山
128.6	月 田 〃	623	739	847	1010	1113				1337		1627		186	1657	1905		1951	2125		2102							月田
134.7	富 〃	647		856	1019	1122				1346		1636		頁		1915		1959	2132									富刑
141.2	刑 部 〃	701	広	923	1031	1150				1411	広	1701	三	以		1926		2009	2150		2130							刑部
145.0	丹 治 部 〃	707	島	923	1156					1418	島	1708	次	下		1946			2206									丹治
149.8	岩 山 〃	715	1551	937	1204					1426	2036	1715	2109	186		1954			2214									岩山
158.1	新 見 着	726		948	1215					1436		1726		頁		2005			2224		2150							新見

姫新線の名の通り、当時は姫路～新見間を通しで運転する列車があり、その先の三次や広島と姫路を結ぶ列車もあった。準急「みさき」や同「みまさか」などの優等列車が走り、後に急行に変わるが、今では姫新線で運転される優等列車はない。

キロ数	駅 名	611D	613D	615D		617D	619D	621D		623D	625D	627D		629D	631D		633D	635D
0.0	粟 生 発	623	732	835		951	1136	1346		1556	1700	1805		1916	1946		2046	2148
3.5	網 引 〃	629	738	841		957	1142	1352		1602	1706	1811		1922	1952		2052	2154
4.6	田 原 〃	631	740	843		1001	1146	1356		1608	1708	1813		1924	1954		2054	2156
6.1	法 華 口 〃	635	744	847	加古川発	1005	1150	1400	加古川発	1608	1712	1817	加古川発	1928	1958	加古川発	2058	2200
8.0	播磨下里 〃	639	748	851		1009	1154	1404		1612	1716	1821		1932	2002		2102	2204
9.8	長 〃	643	752	855		1013	1158	1408		1616	1720	1825		1936	2006		2106	2208
11.4	播磨横田 〃	646	755	858		1018	1203	1413		1619	1723	1828		1939	2009		2109	2211
13.8	北 条 町 着	650	759	902		1023	1208	1418		1623	1727	1832		1943	2013		2113	2215

国鉄北条線。加古川線と直通する加古川駅発着の列車も設定されていた。北条鉄道北条線へ転換後は直通が無くなった。国鉄線から第3セクター鉄道へ転換した三木線の廃線後、加古川線から分岐した路線で唯一残る存在となった。

1章
カラーフィルムで記録された
福知山線と各線

播但線で運用された豊岡機関区和田山支区配置のC57形94号機。◎1971（昭和46）年11月14日　撮影：野口昭雄

福知山線

旧福知山色の113系800番台4両編成。1986（昭和61）年の福知山線全線電化により、それまでDD51牽引の旧型客車で運行されていた列車が電車化。113系0番台を耐寒耐雪車へ改造した800番台が投入された。◎大阪　1988（昭和63）年

1981（昭和56）年の宝塚電化で福知山線にカナリアイエローの103系を投入。カナリアイエローの103系を投入。写真は大阪行で、カナリアイエローの4両編成。運用区間が短く利用者が伸び悩んだ結果、4両という短い編成が見られた。
◎尼崎
1990（平成2）年3月26日

新大阪〜城崎温泉間を福知山線経由で結ぶ特急「こうのとり」。写真は上淀川橋梁を渡る183系時代の「こうのとり」。「北近畿」
時代からの北近畿ビッグXネットワークの愛称幕デザインで、列車名を「こうのとり」へ変更した愛称幕だった。
◎新大阪〜大阪　2011（平成23）年12月24日

DD54形32号機が雪を付着して旧型客車を牽引。客車の屋根にも雪が付く。当時はDD54形の全機が福知山機関区に集まっ
て配置され、福知山線のほか播但線で運用。翌年には福知山線の運用から撤退した。上半分の車体が内側へ傾斜した箱型ス
タイルで、異色の国鉄ディーゼル機関車であった。◎川西池田　1977（昭和52）年3月5日　撮影：野口昭雄

腕木式信号機とDD51形牽引の旧型客車。山陰地方の駅かと思うような非電化のシーン。すっかり都会的になった現在の宝塚駅や付近からは想像し難い鉄道風景が、昭和の宝塚にはあった。阪急電車の駅が国鉄駅の向こうだが、非電化の国鉄、電車の阪急との対比が語り草だった。◎宝塚　1976（昭和51）年9月24日　撮影：隅田　衷

旧線時代の福知山線を行く準急「丹波」を俯瞰撮影。宝塚から先の山深い区間の雰囲気が感じられる一枚。準急「丹後」は
客車列車からDC化されてキハ55系で運行。クリーム色に臙脂色の帯色を付けた準急色だった。
◎生瀬～武田尾　1962（昭和37）年10月　撮影：野口昭雄

生瀬駅を通過して腕木信号機付近に差し掛かった下りの急行「白兎」。急行「白兎」は、写真の前年のサンロクトオの白紙ダイヤ改正で登場。当時新型だったキハ58系急行形気動車で運行し、白兎をデザインしたヘッドマークを付けた。「白兎」は京都発着と大阪発着で、福知山で京都発着と分割併結した。31ページ上の写真は山間風景での急行「白兎」。
◎生瀬　1962（昭和37）年10月、〔31ページ上の写真〕◎武田尾〜生瀬　1962（昭和37）年10月　撮影：野口昭雄（2枚とも）

（この写真の解説は30ページ下を参照）

トンネルを抜けてやってきたキハ17形。バス窓がずらりと並ぶ。キハ20系が普及するまでの非電化区間を第一線で支えた気動車キハ10系。座席のシートピッチが狭いなどの難点があったが、今となっては懐かしい思い出だ。
◎武田尾～生瀬　撮影年月日不詳
撮影：野口昭雄

キハ82系特急「まつかぜ」。関西と山陰を福知山線経由で結び、博多まで乗り入れる列車もあった。写真当時の宝塚〜三田間は単線非電化の旧線時代。1986（昭和61）年8月に新線複線化となり、特急「まつかぜ」は同年11月の宝塚〜福知山間の電化にともない廃止。電車特急のL特急「北近畿」の運行が開始された。
◎生瀬付近　1978（昭和53）年3月26日　撮影：野口昭雄

大阪と山陰地方を結んだキハ58系急行「だいせん」。大阪行の後追い撮影と思われる。写真後方の4両は出雲市駅で併結した大社〜大阪間の編成で、そちらにも指定席グリーン車が連結されている。ちなみに大社〜出雲市間は急行料金不要の普通列車で、グリーン車は指定券なしで利用でき、さらにグリーン料金は特急・急行用の料金ではなく、普通列車用のグリーン料金だった。◎宝塚〜生瀬　1978（昭和53）年3月26日　撮影：野口昭雄

武庫川の渓谷沿いを走った旧線時代の生瀬〜武田尾間。廃線跡はハイキングコースになっている。DD54形は亜幹線用の
ディーゼル機関車として製造。客貨両用機で貨物列車も牽引した。DD54形は西ドイツメーカー設計の機器類のトラブルが
多く発生したことで知られ、全国各地へ配置が拡大することなく終わったが、内側へ傾斜した車体デザインが印象的であっ
た。◎生瀬〜武田尾　1974（昭和49）年1月13日　撮影：野口昭雄

DD51牽引の荷物列車が福知山線を行く。荷物列車の現役時代を物語る写真。目を引くのはDD51次位のワサフ8000。夜行
急行「だいせん」にも連結された形式。車掌車と緩急車の役目を兼ね備えた荷貨物車。荷物車と編成を組んだ貨車だ。
◎生瀬〜武田尾　1976（昭和51）年9月24日　撮影：隅田 衷

武庫川沿いを走った単線非電化時代の福
知山線。DD51形＋旧型客車による当時
の福知山線でお馴染みの普通列車。写真
は、福知山発大阪行740列車。昼に福知
山を発車して夕方に大阪へ到着した。新
線でJRの電車が行き交う今日からすれ
ば、何とものんびりした列車であった。
◎武田尾
1976（昭和51）年9月24日
撮影：隅田 衷

準急型のキハ55系がひと際映える篠山口
発大阪行の快速3422D。道場、武田尾、
生瀬は通過駅。三田〜宝塚間では先発
の急行と同じ停車駅で、その先は伊丹と
尼崎に停車するだけで川西池田は通過駅
だった。当時の特急、急行は大阪〜宝塚
間に停車駅はなく、伊丹や尼崎の両駅を
利用する人にとって便利な快速だった。
◎武田尾
1976（昭和51）年9月24日
撮影：隅田 衷

福知山線と言えば旧型客車の鈍行列車が走っていた。直通先の大阪駅に発着、停車する旧型客車の客レは、国電区間の中にあって牧歌的な雰囲気を漂わせていた。写真は。単線旧橋梁時代の第一武庫川橋梁を渡るDD51＋旧型客車。写真右奥には、惣川の砕石を運搬するベルトコンベアやホッパが写る。◎宝塚〜生瀬　1978（昭和53）年3月26日　撮影：野口昭雄

造成された住宅地が左に見える宝塚の町を背景に走るキハ55系。クリームと臙脂色帯の準急色で登場したキハ55系だったが、後に国鉄急行色へ塗装変更されていった。昭和30年代には優等列車の準急主体の運用であったが、写真当時は快速や普通など幅広く運用されていた。◎宝塚～中山寺　1976（昭和51）年　撮影：長谷川 明

DD54形とともに福知山線で運用のDD51形。写真は720号機が牽引する列車。ディーゼルカーの普通列車も走っていた福知山線だが、当時の福知山線の普通列車の主役は客車列車で、大阪～福知山間や山陰本線直通列車、大阪～篠山口間の区間列車で見られた。このあたりの景色は複線電化で大きく変化している。◎宝塚～中山寺　1976（昭和51）年　撮影：長谷川 明

DD54形はトラブル続きのディーゼル機関車だったが、内側へ傾斜したスタイルが日本の従来の機関車とは異なり、ファンの人気が高かった。大量に量産されなかったために全国各地に配置されず、末期は福知山機関区のみの配置で、福知山線や播但線はDD54形が撮影できる路線として知られた。◎宝塚〜中山寺　1976（昭和51）年　撮影：長谷川 明

キハ82系「まつかぜ」が走った時代の宝塚。博多間を結ぶ列車もあった。運行開始当初は大阪〜福知山間に停車駅がなかったが、写真当時の宝塚駅は停車駅だった。1986（昭和61）年11月の福知山線全線電化時に特急「まつかぜ」は廃止。特急はエル特急「北近畿」になった。◎宝塚〜中山寺　1976（昭和51）年　撮影：長谷川 明

大阪へ向けて朝の福知山線を走る夜行急行「だいせん」。列車名は、鳥取県の大山に由来する。DD51牽引で12系客車と14系寝台車による編成。大阪～出雲市間を結んだ。12系客車と14系寝台車の編成は福知山線全線電化時のダイヤ改正以降で、背景に架線柱が写る。◎相野～広野　1990（平成2）年6月28日

1986（昭和61）年10月に複線化、翌11月に電化し、新三田駅が開業した。写真は真新しい線路と写る113系関西線快速色と阪和色の混色編成。福知山線と記された黄色いヘッドマークを掲げる。
◎新三田付近
1987（昭和62）年7月
撮影：安田就視

北近畿タンゴ鉄道の特急形気動車KTR001形。シルバーメタリックの流線形で、ハイデッカー車。写真は特急「タンゴエクスプローラー」として北近畿タンゴ鉄道線（現・京都丹後鉄道線）と直通していた時代。
◎三田～道場　2008（平成20）年12月20日

1986（昭和61）年11月に運転を開始したエル特急「北近畿」。写真は、交直流特急形電車の485系で運行を開始した当初で、その後485系から交流設備を取り除いて直流専用車へ改造した183系となり細帯が入れられた。
◎古市～草野　1986（昭和61）年

1986（昭和61）年11月に福知山線全線が
電化し、近郊形電車の運行も開始された。
写真は黄色に青帯の塗装だった福知山線
色。写真当時の新三田〜篠山口間は単線
だったが、現在は複線区間になっている。
◎南矢代〜古市
1987（昭和62）年7月
撮影：安田就視

篠山口以北の篠山口〜福知山間は単線区間。この区間を担った113系3800番台で下り福知山行。2両目の前面は切妻のシンプルな前面。現在の篠山口以北は223系5500番台になっている。◎黒井〜市島　2004（平成16）年8月12日

加古川線

キハ20系やキハ35系が並ぶ在りし日の加古川気動車区。加古川線や高砂線、加古川線と直通する三木線、北条線、鍛冶屋線まで運用された。左のC11形199号機は高砂線中心に貨物列車などに運用。現在の基地機能は、加古川駅付近の高架化で厄神駅付近の基地へ移転している。◎加古川気動車区　1971（昭和46）年12月15日　撮影：野口昭雄

朱色化が進んだキハ20系やキハ35系の気動車が並ぶ1980（昭和55）年当時の加古川気動車区。すでにキハ47形などの新造
車が国鉄で登場していた時期だが、当時はまだまだキハ20系も多くの路線で活躍していた。
◎加古川気動車区　1980（昭和55）年9月15日　撮影：野口昭雄

加古川線は小野町〜粟生間の粟生寄りで
加古川から分かれた万願寺川を渡る。写
真は非電化時代のキハ40形で加古川線カ
ラー。朱色への単色化が進む今日のJR西
日本車にあって、各地で見られたカラー
が今や懐かしく感じる。
◎小野町〜粟生
1990（平成2）年8月20日
撮影：安田就視

福知山線との分岐駅谷川駅。写真左奥には貨車が写り、当時は貨物取扱を行っていた。加古川線のキハ35系両運転台のキハ30と片運転台トイレなしのキハ36が写る。加古川線加古川〜谷川間の全線を運行する旅客列車は写真当時も現在も少なく、野村（現・西脇市）駅で運行系統が分離。ただし、写真当時は野村駅分岐の鍛冶屋線（現在廃止）の西脇駅（西脇市の中心にあり、現・西脇市駅とは異なる駅）と谷川駅を結ぶ列車が比較的多く運行されていた。
◎谷川
1980（昭和55）年9月
撮影：安田就視

粟生駅の構内を見渡す。加古川線、北条鉄道、神戸電鉄粟生線の駅で、加古川線の電化前。電車は神戸電鉄粟生線のみだった。写真奥が粟生線、手前のキハ40が加古川線、左奥のレールバスが北条鉄道。駅前で存在感を示していた農業倉庫は解体されて現存しない。写真当時は加古川線と神戸電鉄粟生線がホームを共用したが、現在は粟生線の電車が写る向う側に単式ホームが設けられ、神戸電鉄はそちらで乗降を行っている。◎粟生　1990（平成２）年８月20日　撮影：安田就視

非電化時代のキハ40形加古川線色が写る。駅は、国鉄時代の1985（昭和60）年に臨時駅として開業し、1987（昭和62）年12月に通年営業になった。日本のへその経緯度交点が駅近くで、日本へそ公園の最寄り駅。公園名や駅名は、へその公園ではなく、のが入らない日本へそ公園。写真右奥に写るのは美術館で、西脇市出身の横尾忠則氏の作品をはじめ、さまざまな現代美術の展示会が開催される。◎日本へそ公園　1990（平成２）年８月23日　撮影：安田就視

103系3550番台。大阪環状線などで運用された103系からのワンマン改造車。125系と同じく網干総合車両所明石支所加古川派出所に配置。103系3550番台は加古川〜西脇市間での運行用だが125系の代送で西脇市〜谷川間で運用されることもある。写真は谷川駅で折り返す西脇市行の運用シーン。◎谷川　2011（平成23）年12月8日

直流の125系電車。加古川線電化によって導入され、先に電化された小浜線同様、沿線自治体の補助で登場した。ステンレスの車体で両運転台車。写真左側は青野ケ原駅。相対式2面2線から単式ホーム1面1線化された駅で、ホーム右側に写る駅舎は電化時に改築された駅舎である。◎青野ケ原　2009（平成21）年9月25日

播但線

特急「はまかぜ」は大阪発着で播但線経由。国鉄色のキハ181系で、1982（昭和57）年にキハ82系からキハ181系になった。中間車屋上には、物々しい自然通風式のラジエーターが並び放熱される。◎大阪　1988（昭和63）年

市川に沿って走る播但線。非電化時代の撮影でキハ35＋キハ47＋キハ40の編成が行く。姫路～寺前間の電化は1998（平成10）年3月に行われた。甘地駅が神崎郡市川町で福崎駅は同郡福崎町。両町とも平成の大合併を行っておらず、写真の国鉄時代と同じ自治体が残る。民俗学者の柳田國男は現在の福崎町の出身で、市川を見て育った。
◎甘地～福崎　1981（昭和56）年2月16日　撮影：安田就視

C57形156号機ほかの三重連。スキーシーズンになると臨時増発の列車が運行された時代、その列車を牽引したC57の回送を兼ねて定期普通客車列車の牽引がC57形三重連になることがあった。
◎甘地〜福崎　1972（昭和47）年2月19日　撮影：安田就視

DE10形牽引の50系客車列車。当時の播但線では、ディーゼルカーの列車と客車列車が併用されていた。50系客車は、依然として運用されていた旧型客車の老朽化や安全性に配慮して、客車列車の削減方針とは逆行するかたちで製造され、普通客車列車末期に登場。レッドトレインと呼ばれた。◎寺前〜新野　1983（昭和58）年10月　撮影：安田就視

播但線の蒸気機関車はC57形。播但線は軸重制限からD51が入線できず、貨物列車も旅客用のC57形が牽引した。写真はC57形の三重連。伯備線のD51三重連と並びSLファンに人気のあった運転で、伯備線の三重連同様に機関車の回送を兼ねての三重連であった。◎新井〜生野　1972（昭和47）年2月19日　撮影：安田就視

DD54＋C57の貨物列車が勾配の続く難所を越える。無煙化を前にしたディーゼル機関車DD54形の習熟運転を行っていた時期。DD54形は、亜幹線用の客貨両用ディーゼル機関車として1966（昭和41）年に試作機が登場し、後に量産が行われたが、西ドイツのメーカーとライセンス契約して製造した主要機器の不具合が多く発生したことで短命に終わった。ヨーロッパ風のデザインで、異色の国鉄型ディーゼル機関車だった。◎新井～生野　1972（昭和47）年2月19日　撮影：安田就視

山深い山中を北上するＣ57重連牽引の鈍行列車。真冬に白い煙を棚引かせて走る。何とも郷愁を誘うようなシーンで、写真右側には撮影お立ち台に多くのギャラリーが見られる。播但線の無煙化は撮影年の秋。最後を飾ったのはＣ57三重連による運行だった。◎生野〜新井　1972（昭和47）年２月５日　撮影：安田就視

DE10形牽引の50系客車列車。姫路～和田山間で運行されていた客車列車は、姫路～寺前間ではさらに区間列車も加わり、播但線の普通列車の半分ぐらいが客車列車で運行されていた。50系客車は近代的なスタイルだったが非冷房。レッドトレインと呼ばれたが、寝台客車のブルートレインと比べると地味な印象であった。国鉄末期からJR初期にかけて各地で運用され、客車普通列車が減少する中で存在感を示した。◎甘地～鶴居　1983（昭和58）年10月30日　撮影：安田就視

緑豊かな野山の景色に映えた50系の赤色塗装。レッドトレインと呼ばれ、交流電気機関車を思わす目立つ色合いだった。非冷房で、写真は蒸し暑い時期の撮影のためか、下段上昇式のユニット窓が多く上昇している。
◎竹田付近　1981（昭和56）年

寺前～和田山間の非電化区間を走る体質改善車のキハ47形2両編成。エメラルドグリーンの加古川色に塗装された体質改善車キハ47形1133が写る。現在の寺前～和田山間は両運転台のキハ40形やキハ41形での運転。地域色はなく、朱色の単色塗装である。◎竹田～和田山　2005（平成17）年5月8日

キハ181系を運用する最後の定期列車だった特急「はまかぜ」。現在のキハ189系にはないグリーン車も連結した。写真は国鉄特急色からJR西日本色となって運転していた頃。臨時の「かにカニはまかぜ」とともに新型のキハ189系へバトンを渡した。◎竹田～和田山　2005（平成17）年5月8日

高架駅の姫路駅を発車して去って行く寺前行の103系3500番台。奈良や日根野の電車区に在籍した103系のワンマン改造車　姫路〜寺前間の電化で投入された。基本は2両編成だが、2両2編成の4両運転もある。下の写真は、銀の馬車道ラッピング電車で、生野銀山の鉱石の道をPRするためにラッピングされた。
◎姫路　2013（平成25）年5月6日、〔下の写真〕2008（平成20）年

姫新線

地平駅時代の1番のりばに停車中の姫新線キハ47系。当時の姫新線にはすでに急行列車はなく、姫路発着では播磨新宮や上月間の区間列車が目立ち、一部に津山直通があった。姫新線のりばは、西1番（0番）と1番で、背景は民衆駅と呼ばれた姫路駅の旧駅ビル。◎姫路　1990（平成2）年7月　撮影：安田就視

キハ40にキハ47×2の編成。夏の日の写真で、下段窓が上昇しているのが今や懐かしい。現在のJR西日本キハ40系は体質改善車で、下段窓が上昇しない。もっとも、現在の姫新線姫路〜上月間はキハ127系による運行で、キハ40系自体の運行がない。写真当時は、姫路〜津山間を直通する列車も運行されていたが、現在は、姫路〜津山間を直通する列車はなく、使用車両のキハ127系の関係から最長でも姫路〜上月間の運行になっている。◎余部〜太市　1987（昭和62）年7月　撮影：安田就視

キハ40とキハ47。姫新線は姫路と岡山県の新見を結ぶ路線だが、写真当時でも急行を含み全線で運行される姫路発新見行や新見発姫路行は運行されていない。写真の区間は姫路都市圏内で、利用客が比較的多い姫路〜播磨新宮間の区間列車や上月までの兵庫県内完結の区間列車が多い。ちなみに余部駅の余部は「よべ」と読み、山陰本線の余部橋梁のように「あまるべ」ではなく、山陰本線の駅は餘部駅だ。撮影区間の片方の太市駅は「おおいち」と読む。
◎余部〜太市
1987（昭和62）年7月
撮影：安田就視

揖保川を渡るキハ47形。背後に写るのは国の天然記念物である觜崎ノ屏風岩。原形当時のキハ47形で、現在のJR西日本車は体質改善工事が施工され、写真のように下段の窓を上昇することはできない。また、姫路〜上月間はキハ127系による運行で、この橋梁を渡るキハ47形の定期運用はない。
◎東觜崎〜播磨新宮
1986（昭和61）年8月8日
撮影：安田就視

キハ35＋キハ40＋キハ20＋キハ26。グローブ型ベンチレーターのキハ35形をはじめ、異なるベンチレーターの気動車が並ぶ。キハ35形は大都市近郊の通勤タイプでロングシート。外吊り式の両開き扉が特徴的だった。キハ40形は当時新製配置が進んでいた頃で、旧型のキハ20形や元準急用のキハ26形が編成に続く。各形式の違いを1編成で楽しめた古きよき国鉄時代のバラエティに富んだローカル列車だ。◎三日月〜西栗栖　1981（昭和56）年11月　撮影：安田就視

キハ47形での運行時代。現在の姫路〜上月間はキハ122系やキハ127系での運転になっている。姫新線でのキハ40形やキハ47形の運用は津山〜中国勝山間で見られるが、同区間を含む佐用〜新見間の主力はキハ120形で、今や姫新線でのキハ40形、キハ47形の運用は貴重な存在。◎千本〜西栗栖　1998（平成10）年11月11日　撮影：安田就視

高砂線

高砂線の貨物輸送等に活躍したDD13形。高砂駅の先には工業地帯ならではの各社の専用線があり、高砂線の貨物駅として高砂港駅があった。DD13形は入換用の液体式ディーゼル機関車で、貨車の入換えに適したDD13形は高砂線に合っていた。
◎野口〜加古川　1982（昭和57）年11月14日　撮影：野口昭雄

加古川橋梁を高砂北口側から撮影。隣の電化路線は山陽電気鉄道。キハ35＋キハ37が写る。キハ37形は1983（昭和58）年に製造され、うち2両が加古川線や加古川線系統の高砂線、三木線、北条線、鍛冶屋線で運用。JR西日本発足後も2両が在籍。加古川色に塗色変更されて運用した後に再び朱色となって山陰地方で運用を続けたが、現在は廃車済である。
◎尾上〜高砂北口　1984（昭和59）年3月18日　撮影：野口昭雄

高砂線を中心に運用されたＣ11形199号機。貨物輸送のほか、国鉄高砂工場の入出場車両の牽引も行った。1972（昭和47）年の無煙化で転属。写真は地平時代の加古川駅付近で、今や懐かしい鉄道風景である。
◎加古川　1970（昭和45）年頃　撮影：野口昭雄

高砂線と別府鉄道野口線の乗換駅だった野口駅。プラットホームを共用した。別府鉄道の貨物輸送は土山線がメインで、野口線は旅客営業が中心だった。キハ2形は別府鉄道ハ101。プラットホームに草が目立つ。高砂線の廃止は1984（昭和60）年12月だったが、別府鉄道野口線は同年2月廃止で一足早かった。
◎野口　1983（昭和58）年10月28日　撮影：安田就視

国鉄高砂工場から出場した車両がDD13形牽引で加古川橋梁を渡る。高砂工場では客車や気動車を扱っていたため、写真のような珍しい編成で回送される様子を見ることができた。架線柱が写る後ろの路線は山陽電気鉄道。尾上駅や高砂北口駅の各駅は、山陽電気鉄道の駅と近かった。◎高砂北口〜尾上　1981（昭和56）年4月16日　撮影：安田就視

三木線

厄神駅を発車した三木線のキハ35系。厄神駅は加古川線と三木線の分岐駅。加古川線は写真右側へとカーブを描きながら分かれて加古川を渡るが、三木線は厄神駅から真っ直ぐ。国包駅を経て加古川とは逆の東側へ走って行った。国包駅の駅名は、播州鉄道として現在の加古川線が開業した当初の現・厄神駅の駅名だった。播州鉄道の支線として後の三木線が開業して国包駅が設置されると、元の国包駅は厄神駅へ改称した。下の写真は、国包方面へ下がって撮影した一枚。キハ20形の3両編成で、写真手前はキハ20形のバス窓タイプ。
◎厄神～国包
1981（昭和56）年4月18日
撮影：安田就視（2枚とも）

初秋の風景を走るミキ300形。1998（平成10）年から2002（平成14）年の間に3両導入した新型気動車。三木鉄道は2008（平成20）年4月に廃線となり、製造10年に満たないミキ300形は樽見鉄道や北条鉄道へ渡った。西這田駅は第三セクター転換後の翌年に開業した新設駅。◎西這田〜石野　2005（平成17）年9月9日　撮影：野沢敬次

終端側から見た国鉄時代の三木駅構内。写真右側のホーム切り欠き部には貨物用の線路があったが、当時の三木駅はすでに
貨物の取り扱いを廃止しており、線路が撤去済のようだ。写真奥の厄神側にも貨物用の側線を備えた駅で、貨物専用のホー
ムもあった。◎三木　1981（昭和56）年4月16日　撮影：安田就視

北条線

菜の花の咲く春の景色を走るキハ35系。1985（昭和60）年4月に国鉄北条線から第三セクターの北条鉄道北条線へ転換し、レールバスを導入した。加古川線沿線で他に国鉄路線から第三セクター鉄道へ転換したのが国鉄三木線。三木鉄道となったが現在は廃線。北条鉄道は法華口駅に列車交換設備を設けるなどの利用促進を積み重ねて路線の維持を図っている。近年はJR東日本から譲渡されたキハ40が運行を開始し、再び国鉄型の気動車が走っている。
◎田原〜法華口
1981（昭和56）年4月17日
撮影：安田就視

写るキハ30ともども、現在の北条町駅とは異なった雰囲気。現在の駅は移転後の駅で、写真は旧駅時代の様子。貨物取扱いはすでに廃止され、全盛期よりも線路の本数は減っていたが、写真右側には農業倉庫や貨物ホームが写り、往時を感じさせた。
◎北条町
1981（昭和56）年4月17日
撮影：安田就視

昔はローカル線でよく見られた小駅での木造駅舎。国鉄時代までは比較的多く見られた。写真は国鉄時代の播磨下里駅の様子。播州鉄道時代の大正時代築の駅舎は現在も改修を加えて使用されている。ただし、左側に写る農業倉庫はすでに存在しない。◎播磨下里　1982（昭和57）年９月　撮影：安田就視

鍛冶屋線

郵便荷物合造車のキハユニ16形。湘南2
枚窓の前面にバス窓のスタイルのうえ、
郵便荷物室と三等室（後の普通座席）を備
えた合造車で、旧型の魅力が詰まった気
動車だった。乗務員室側が荷物室で郵便
室が続く。この車両目当てに訪れるファ
ンも居た。
◎市原〜羽安
1980（昭和55）年9月
撮影：安田就視

キハ23形は暖地用の両運転台で1エンジ
ン。昭和40年代前半に製造。キハ20系
とキハ35系の間に位置する需要を考慮
して設計された近郊タイプで、キハ20系
よりもゆとりのあるボックスシートを備
え、通路や扉を広くとった。
◎鍛冶屋〜中村町　1987（昭和62）年7
月　撮影：安田就視

ローカル線の加古川線から分岐していた鍛冶屋線。野村（現・西脇市）～鍛冶屋間を結び、加古川線との直通列車がほとんど
だった。西脇市の中心部に位置する西脇駅を経て、多可郡中町の沿線を走り、本数が多かった野村～西脇間に比べて、その先
はローカル色が濃くなった。キハ35系のキハ36形とバス窓のキハ20形が写る。キハ36形は、トイレ付のキハ35形に対して
トレイなしのタイプであった。◎曽我井～中村町　1981（昭和56）年4月17日　撮影：安田就視

野村側から見た駅舎と単式ホーム、キハ20形と側線。現在もこの鉄道風景に似た雰囲気が整備されて残る。旧駅舎を改修し
て活かした建物が鍛冶屋線を記念した鉄道資料館になり、再現した単式ホームに接してキハ30形1両を展示、鍛冶屋駅と中
村町駅の駅名標も展示されている。◎鍛冶屋　1973（昭和48）年12月5日　撮影：安田就視

2章

モノクロフィルムで記録された
福知山線と各線

キハ82系臨時特急「はくぎん」。下りが大阪→鳥取、上りが鳥取→新大阪で運転。向日町のキハ82系を使用した。撮影年の1972（昭和47）年2月は同年3月のダイヤ改正前で、写真当時はこのダイヤ改正でデビューした特急「はまかぜ」がまだ運行されていなかった。◎長谷〜生野　1972（昭和47）年2月　撮影：林嶢

福知山線

福知山線の上り列車を牽引して大阪到着後に宮原で休むDD54形。同時代に登場したDD51形と並ぶシーン。DD51形は各地の非電化区間へ配置が進められた一方、DD54形は不調が災いして全国各地へは普及しなかった。下の写真は同じく宮原機関区で撮影のDD54形のサイドビュー。傾斜したデザインがヨーロッパ風のデザインだった。宮原区は新大阪駅の近くで、0系新幹線がDD54形とともに写る。
◎宮原機関区
1977（昭和52）年4月17日
撮影：隅田 衷（2枚とも）

C54形17号機。C54形は、亜幹線での牽引を考慮して設計された旅客列車用の中型テンダー機だったが、軽量化を図り過ぎたために空転を引き起こし、さらに粘着力が想定していたよりも足りず、結果、失敗の烙印を押されてしまった機関車だった。各地での配置から引き上げられ、福知山機関区へ集中配置して運用された。保存機が一両も存在しない蒸気機関車。下の写真は福知山機関区で撮影された12号機である。◎大阪　1962（昭和37）年2月24日　撮影：林 嶬、〔下の写真〕福知山機関区　1960（昭和35）年9月10日　撮影：髙山禮蔵

C57形87号機牽引の713列車。大阪発出雲市行で、10時台に大阪を発車して出雲市には22時台に到着した。福知山線の列車は東海道本線経由で大阪発着。複々線の東海道本線を走るC57牽引の列車が見られた。福知山線は全線電化前の昭和末期まで旧型客車が運用され、大阪駅に発着していた。下の写真はC57形85号機牽引で大阪駅へ到着した726列車。
◎大阪　1960（昭和35）年9月3日、〔下の写真〕大阪　1962（昭和37）年2月24日　撮影：林嶠（2枚とも）

終戦後10年に満たない頃の大阪駅。写真には福知山線のキハ45000形とキハ45500形が写る。後に形式が変わり、キハ17
形とキハ16形となる。両車とも片運転台で、キハ45000形（キハ17形）は便所付き、キハ45500形（キハ16形）は便所なしだっ
た。◎大阪　1955（昭和30）年１月25日　撮影：髙山禮蔵

大阪駅でのDF50形＋旧型客車。写真左側には、プラットホームに蛇口がずらりと並ぶ洗面所が写り、煤が窓から入って顔など
が汚れた蒸気機関車牽引列車がついこの間まで発着していた名残だった。下の写真は、同じく大阪駅を発着したDD54形＋旧
型客車。◎大阪　1976（昭和51）年8月9日、〔下の写真〕大阪　1977（昭和52）年4月17日　撮影：隅田　衷（2枚とも）

ディーゼル音を響かせて東海道本線を行くDD54形24号機牽引の客車列車。福知山発大阪行の738列車で、塚本10:08発、大阪10:18着だった。塚本駅は、福知山線と東海道本線を直通する列車を東海道本線で編成を入れて構図に収めることができる撮影スポットとしてDD54形ファンに人気であった。◎塚本　1977（昭和52）年4月17日　撮影：隅田 衷

福知山線の客車列車のひとコマ。ボックスシートの乗客は新聞を読んだり、ネクタイワイシャツ姿であったりと、通勤シーンを撮ったもの。旧型客車の狭いデッキには乗車の列が見られる。◎尼崎　1977（昭和52）年6月9日

当時の福知山線ではC54形も運用。亜幹線用の軽量級パシフィック機で、旅客列車を牽引する写真はC54形6号機。無煙化後の普通客車列車はディーゼル機関車が牽引し、福知山線全線電化直前まで大阪発着の客車列車が運行された。
◎尼崎
1957（昭和32）年1月12日
撮影：髙山禮蔵

C55形44号機牽引の福知山線旅客列車。C55形は旅客列車牽引用の中型テンダー機。尼崎駅は福知山線の起点駅だが、列車は大阪駅発着。電化区間の東海道本線を蒸気機関車牽引列車が駆けた。
◎尼崎　1957（昭和32）年1月12日　撮影：髙山禮蔵

東海道本線を跨いで走る福知山線支線（尼崎港線）の列車。狭窓のスハ32系が写る。写真当時は尼崎港～川西池田間の福知
山線直通列車が1日3往復運行していた。◎尼崎　1962（昭和37）年8月13日　撮影：荻原二郎

単式ホーム1面1線の簡素な駅だった金楽寺駅。民家が密集する隙間に立地し、駅名標が傾いている。尼崎の地名、金楽寺に所在する駅だった。◎金楽寺　1972（昭和47）年5月3日

塚口〜尼崎港間は福知山線の支線で、通称：尼崎港線と呼ばれた。その終着駅が尼崎港駅。駅舎は写真のようになかなか存在感のあるものだった。写真当時は尼崎港〜川西池田間の旅客客車列車が1日2往復運行されていたが、1981（昭和56）年に尼崎港線の旅客輸送が廃止され、貨物輸送については1984（昭和59）年に廃止となった。
◎尼崎港　1973（昭和48）年12月5日　撮影：安田就視

DD13形が茶系旧塗装のぶどう色だった時代。この塗装のDD13形が客車列車を牽引する写真はなかなか貴重かと思われる。当時の旅客列車は1日3往復が発着。貨物用の側線が並んだ駅だった。福知山線川西池田駅間を結んだ旅客列車だが、その後は1日2往復に削減。川西池田との直通運転は後年に取りやめになり、支線内の塚口〜尼崎港間のみの運行へ変更された。
◎尼崎港
1962（昭和37）年8月13日
撮影：荻原二郎

『尼崎市史』に登場する阪鶴鉄道（市史より抜粋）

阪鶴鉄道による摂津鉄道の買収

　阪鶴鉄道会社は、日清戦争前の明治26（1893）年8月、土居通夫・住友吉左衛門・松本重太郎・田中市兵衛ら有力な大阪財界人を中心とし、それに小西新右衛門ら摂津鉄道の主要株主などが加わって57人が発起人となり、資本金400万円をもって設立が計画された。当時すでに海軍鎮守府の設置がきまっていた舞鶴と大阪とを直結する鉄道として、たんに軍事的重要性のみでなく、裏日本の貿易港と大阪とをつなぐ幹線として大きい期待がかけられていたのであった。しかし舞鶴をめざす鉄道敷設の計画は他にもいくつかあり、そのなかでも京都から綾部を経て舞鶴にいたる路線を出願した京都鉄道会社は、もっとも有力な競争相手であった。出願後約1年間この両鉄道は、路線の認可をめぐってはげしい請願合戦をくりひろげたが、翌27年7月政府は京都鉄道にたいして認可を与えることに決定し、阪鶴鉄道には京都鉄道予定線の福知山停車場までの鉄道敷設を許可したのであった。しかも阪鶴鉄道にとってさらに不利なことは、神崎から大阪までの路線は官線（東海道線）と平行しているという理由で許可されなかったことである。こうして神崎－福知山間にかぎって仮免許を下付された阪鶴鉄道は、「あたかも首尾を切断せられたるが如き姿」となり、当初の計画の有利性は失われた。

　日清戦争中はこの計画も進捗しなかったが、戦争が終わるとやがて28年10月に創立総会が開かれ、土居通夫が社長に就任した。翌29年4月には本免許状を得て工事に着手した。このとき、欧米の鉄道事業を視察して帰朝したばかりの山陽鉄道技師長の南清が総務顧問として招かれた。南はのちに阪鶴鉄道の社長に就任することになるが、「君は其位置、其名誉の総てを殆ど阪鶴鉄道の為に犠牲に供せしなり。此犠牲あって後始めて阪鶴の今日あり」と述べられているように、あたかも尼崎紡績における菊池恭三のごとく、阪鶴鉄道を成功にみちびいた草創期の中心人物であった。

　阪鶴鉄道はその発足当初から、尼崎－池田間は摂津鉄道の既設線を買収・利用する予定で、30年2月にはこの買収を完了した。買収総額は31万3673円で、摂津鉄道の資本金24万円（払込み19万6400円ヵ）をはるかに上回る金額であった。しかし摂津鉄道の軌幅は、川辺馬車鉄道いらいの2フィート6インチ（0.762メートル）であったので、これを官線と同じ3フィート6インチ（1.067メートル）に拡張する工事を施し、30年4月より仮営業を開始した。ついで池田－宝塚間が開通した。

　31年3月改定の列車運転時刻表によると、神崎－宝塚間には上下各13本（ほかに短区間運転列車2、3本）、尼崎－長洲（神崎）間は各17本が運転されていた。所要時間は前者は40分、後者は10分、停車場は宝塚・中山・池田・伊丹・塚口・神崎・長洲・大物・尼崎であって、伊丹南口は廃止されていた。またこのとき官線との交差は廃止され、神崎以北の本線と長洲以南の尼崎支線とは、ともに官線神崎停車場の北・南側にそれぞれ接続するように改修された。この改修によって神崎－大阪間は官線に乗り入れることができるようになり、31年9月より大阪－生瀬間に直通列車が運転された。この官線乗入れによって、首尾分断の一方はようやく解決することになったのである。

　そののち、もっとも難工事が予想された生瀬－道場間の武庫川の急流に沿う約5キロメートルの区間が完成し、32年7月には福知山までの全線が開通した。その間資金の不足のために31年6月ごろには、三田以北の工事中止論が起こったが、南社長の努力によって貫徹することができたといわれている。

　また、大阪までの官線乗入れによる直通列車には限界があるので、すでに着工直後の29年6月には池田－大阪間直通の新線計画を決定し、その仮免状の下付をうけた。この分岐線は、31年に免許を得た阪北鉄道の路線と競合して紛糾したが、30年代の不況・恐慌のなかで資金難のためついに実現をみないまま、阪鶴鉄道は40年の国有化をむかえたのである。この免許路線はのちに阪急電鉄宝塚線となった。

阪鶴鉄道の利用状態

　さて、京都鉄道はそのころようやく京都－園部間が開通したのみで、福知山－舞鶴間の鉄道完成にはほど遠い状態であった。この情勢をみて阪鶴鉄道では福知山－舞鶴間の敷設をふたたび出願したが、政府はこれを許可せず、官営の方針をとり明治37（1904）年12月にいたって官線舞鶴線を完成した。阪鶴ではこれを年間1万4000円の借用料で借りうけ、ついに大阪－舞鶴間の直通列車を実現し、阪鶴の名称にふさわしい首尾をそなえることになった。こうして裏日本から丹後・丹波地方を経て尼崎にいたる交通幹線が確立し、その

後の尼崎の発展にとって大きい役割を果たすことになった。しかし30年代の全般的な不況のなかでは、その利用度はかならずしも高まったわけではなかった。乗客数は30年までの摂津鉄道時代には戦後の好況を反映して増加しているが、阪鶴鉄道となってからは減少の一途をたどった。29年3月東海道線阪神間の複線化が完成したにもかかわらず、官線神崎停車場の乗客数がやはり30年をピークとして漸減していることからいっても、不況の影響は否定しがたいであろう。また尼崎支線は34年以降乗客の取扱いを停止した。これにたいして尼崎町では乗客取扱いの復活を交渉したが、これまた国有化にいたるまでついに実現しなかった。

他方、貨物の取扱いは摂津鉄道のときにはほとんどなかったのが、阪鶴に移ってから増加し、たとえば33年には市域の5停車場の乗客収入1万9968円にたいして貨物収入は1万4862円に達し、さらに尼崎支線の乗客取扱いの廃止もあって、36年には乗客収入1万4224円にたいして貨物収入は2万2921円と大きく上回るまでに増加した。ローカルな軽便鉄道から、いまや全国的な幹線鉄道網の一環となった阪鶴鉄道の姿をここにみることができる。しかし同時に、巨額の投資に見合うだけの交通需要の拡大が得られず、営業成績は低下しつつあったとみることができる。のちに国有化される必然性は、すでにこの段階にきざしていたといってよい。

（中略）

阪鶴鉄道の国有化

阪神電鉄の開通のほか、この時期の交通機関に関する大問題は阪鶴鉄道の国有化である。これは明治39（1906）年の国有鉄道法にもとづいておこなわれた、幹線鉄道17社の国有化の一環であった。

この鉄道国有化は、日本・九州・山陽・北海道炭礦の財閥関係の4大私鉄にたいしては買収価格が建設費の2倍以上というきわめて有利な条件でおこなわれたが、その他の中小私鉄にとってはかならずしも有利とはいえなかった。阪鶴もその例にもれず、40年7月の建設費決算額660万9250円にたいして買収価格は759万3000円で、わずかに建設費の11%増にすぎなかった。しかも、継承債務を控除してけっきょく阪鶴の株主に交付された鉄道公債は、払込資本金400万円とほぼ同等の428万4000円であった。阪鶴の株主にとっては、国有化は望ましいものではなかったといってよい。それにもかかわらず国有化がおこなわれたのは、新しい発展段階に入りつつあった資本主義にとって

鉄道の統一的運営が要求されたからであり、それはまた軍事的要請とも合致していたからである。

阪鶴鉄道の国有化の手続が完了したのは40年8月のことであるが、それと同時に福知山線と改称され、また阪鶴の神崎駅は廃止されて東海道線の神崎駅と統合された。この前後の神崎駅の貨客の動きをみると、さきに述べたように、阪神電鉄の開通によって東海道線の利用客が38年以降激減したうえに、国有化以後は福知山線の乗降客をあわせても減少の一途をたどった。ところが貨物についてみると、これとは逆に40年には前年にくらべてはるかに増加し、41年は不況の影響で減少したが、その後は増勢に転じ、大正元年以降とくに到着貨物が激増した。国有化による全国統一賃率と遠距離逓減法の実施などが貨物の鉄道輸送を促進する効果をあらわしたものと思われる。

神崎駅から尼崎駅（現在の尼崎港駅）にいたる尼崎支線は、阪鶴鉄道時代の明治34年いらい貨物のみで乗客の取扱いをしていなかったが、44年から乗客の取扱いもはじめた。大正元年の乗客客は、尼崎駅12万9121人、金楽寺駅1万5878人、神崎乗降場1万2694人で、とくに尼崎駅からの利用者はかなり多かった。しかし尼崎駅の重要性は、乗客よりもむしろ尼崎港に荷揚げされた貨物の福知山線による輸送にあったのであって、元年についてみると、発送3万6501トン、到着2万4533トンと発送のほうが多く、しかも神崎駅の発着合計約8000トンにくらべて7倍以上の取扱量であった。なお同年福知山線塚口駅の乗降客も12万3306人で、明治40年の4万1536人にくらべて激増している。

駅は大阪府池田市ではなく兵庫県川西市に所在。1951（昭和26）年に池田から川西池田へ駅名改称した。1980（昭和55）年に200mの駅移動とともに橋上駅舎化。写真は木造駅舎時代の旧駅舎で、駅名標の川西の文字が小さい。
◎川西池田　1961（昭和36）年8月11日　撮影：荻原二郎

伊丹駅は、摂津鉄道伊丹〜池田（現・川西池田）間の開通にともない開業。阪鶴鉄道や国有化後の阪鶴線を経て、1912（明治45）年に線路名称の改定により福知山線の駅になった。駅は有岡城跡史跡公園付近で、鉄道建設で本丸跡の多くの部分が使用された。写真の駅舎は昭和30年代の様子。
◎伊丹
1962（昭和37）年８月13日
撮影：荻原二郎

戦前からの駅舎で、写真は昭和30年代の姿。2008（平成20）年４月まで現役で使用された駅舎だったが、写真に写る左右の縦に長い窓や正面の採光窓は後年の改修で姿を変え、写真当時のような外観とは異なった。
◎宝塚　1963（昭和38）年４月６日　撮影：荻原二郎

『伊丹市史』に登場する阪鶴鉄道 (市史より抜粋)

明治25（1892）年6月、鉄道敷設法が公布された。その冒頭に「政府ハ帝国ニ必要ナル鉄道ヲ完成スル為漸次予定ノ線路ヲ調査シ及敷設ス」とあり、つづけて政府が今後敷設すべき鉄道の予定線路を列記した。予定線路に沿う地域では、鉄道誘致の激しい運動が展開された。その予定線路の中にも舞鶴が登場する。それは、

近畿線の1つとして、京都から舞鶴に至る鉄道

山陰線として、舞鶴から豊岡・鳥取を経て山口近傍に至る鉄道

山陰・山陽連絡線の1つとして、姫路から生野もしくは篠山を経て舞鶴又は園部に至る鉄道、もしくは兵庫県土山から福知山を経て舞鶴に至る鉄道

とあって、舞鶴は三方からの鉄道の集中が予定される裏日本の要衝と認められていた。しかも第1期に着手すべきものの中に、この京都ー舞鶴線（京鶴線）と土山ー福知山ー舞鶴線（土鶴線）の2つが比較線として指定されたために、京鶴線を支持する京都府会・市会・商業会議所、さらにこれをバックアップする大阪府会・市会と、土鶴線を支持する兵庫県会・神戸市会・商業会議所との間に激しい誘致陳情合戦が展開した。

翌26年7月、京都側は市会議長・商業会議所頭取らを発起人として「京都鉄道会社」を起こし、京鶴線を私設鉄道とすることを申請した（これが国鉄山陰線の前身）。鉄道敷設法では、帝国議会の協賛を得るならばこの予定線路を私設鉄道に委ねることが認められていたからである。しかもこのときすでに政府は舞鶴への予定線は京鶴線をとることに内定していたから、京都鉄道は有利に運動を進めることができた。

政府の京鶴予定線内定にともなって、摂津鉄道では、その終点池田を起点とし、京都府船井郡八木村（園部付近）において京鶴線に接続する延長線を計画し、旧名を復して「摂丹鉄道」と称した。いったんつぶれ去った舞鶴への夢をこのような形で実現しようとしたのである。川辺郡の各町村も摂丹鉄道期成同盟会を結成してこれを援助した。しかるに京都鉄道会社が設立されると、これに対抗して摂津鉄道のおもだった株主小西新右衛門・鷲尾松三郎および尼崎の大地主・豪商梶源左衛門は、大阪財界人と結んで新たに「阪鶴鉄道会社」を設立した。住友吉左衛門・松本重太郎・田中市兵衛・広瀬宰平・土居通夫ら銀行・鉄道界に君臨する実業界のトップクラスに、丹波・但馬地方の有力者

を糾合して、大阪ー神崎ー池田ー三田ー福知山ー舞鶴を結ぶ鉄道の敷設を申請したのである。京都鉄道の出願につづく同年8月のことであった。このうち神崎ー池田間は摂津鉄道を買収する計画で、同年11月25日、開通直前の摂津鉄道との間に早くも売買契約をとり結んだ。さらに同年12月には福知山ー和田山ー八鹿に至る支線を出願し、将来はこれを延長して山陰縦貫線とする計画を明らかにした。まさに往年の山陰鉄道計画の復活である。

ここに土鶴線にかわって、阪鶴鉄道が京都鉄道と対決することになった。京都鉄道は政府の予定線に指定されている強味をもち、阪鶴鉄道を土鶴線の再現であるとして反対する大阪府会・市会の支持を得て、終始有利に運動を進めた。予定線にない弱みを持つ阪鶴鉄道は、沿線に市街地が多く戸口・物産に富むことの経済上の利点や、第4師団と舞鶴鎮守府とを直結することの軍事上の重要性を主張して、しつように陳情をつづけた。

しかるに27年7月、政府は、舞鶴への予定線は京鶴線をとるとの決議案が議会を通過したのを機に、京都鉄道にその免許を与えた。阪鶴鉄道に対しては、大阪ー神崎間は官設鉄道に並行すること、福知山ー舞鶴間は京都鉄道に免許を与えたことを理由に、いずれも許可せず、神崎ー福知山間についてのみ、免許を与えた。舞鶴をめざす激しい争いはついに京都鉄道の勝利に終わり、阪鶴鉄道はその首尾を奪われて「阪鶴」の名に値しない地方鉄道に甘んじなければならなかった。

阪鶴鉄道の建設

首尾を奪われた阪鶴鉄道ではあったが、大阪財界の重鎮土居通夫を社長に迎え、さっそく実地測量・土地買収・株式募集に着手した。その間29年秋の大阪銀行界の不況に遭遇して株式募集に支障をきたすなどの困難もあったが、30年2月には31万3673円で摂津鉄道の買収を終え、伊丹に出張所を設けて、摂津鉄道線路の拡幅と池田ー福知山間の新線敷設工事をすすめた。30年12月、まず宝塚までが開通し、32年7月には福知山までの全線の工事が完了した。そして鉄道作業局との契約によって、神崎ー大阪間の官線への列車乗入れが認められ、大阪ー福知山間の直通列車を走らせることに成功した。

阪鶴鉄道会社は、はじめ事務所を大阪駅前内国通運会社の楼上に置いていたが、摂津鉄道の引

継ぎを終えたあと、全線の開通を前にして本社を伊丹に移した。摂津鉄道時代の車両を処分し、新しく購入した機関車は13両、客車は39両、貨車は102両であった。最初に購入した３両の機関車はアメリカ・ピッツバーグ製Ｃタンク機関車、他の10両もアメリカ・イギリス・ドイツ製であり、レールもアメリカのイリノイ・スティール・コンパニーIllinois Steel Companyに発注したものであった。

ところが京都鉄道の方は、32年８月わずかに京都－園部間の開通を見たのみで、その後の工事は停滞し、会社も恐慌の影響をうけて経営困難に陥っていた。京都鉄道の福知山－舞鶴線に連結することによってはじめて名実そなわる予定の阪鶴鉄道にとって、これはゆゆしき問題であった。そこで32年12月、京都鉄道とは別に福知山－八田－舞鶴および宮津に至る鉄道敷設を申請したが、すでに鉄道国有の方針を固めつつあった政府は容易にこれを許さなかった。

明治34年10月、舞鶴鎮守府が開庁した。阪鶴鉄道は、福知山から舞鶴および宮津へ由良川を利用する定期船便を開始して鉄道と連絡させる一方、再び舞鶴までの鉄道敷設を申請した。しかるに政府はこれに却下したばかりでなく、京都鉄道の未完成区間の敷設権を返納させ、これを官設鉄道「舞鶴線」として建設することとし、さっそく工事に着手した。まもなくぼっ発した日露戦争は、舞鶴線の工事速成を促し、37年11月に舞鶴－福知山間の完成を見るにいたった。しかし、これは他の官線と隔離した短区間の鉄道であるため、鉄道作業局はこれを独立経営するよりも、隣接私鉄に管理運営させることを得策とし、１ヵ月１万4000円の貸料、３ヵ年の契約をもって阪鶴鉄道に貸与した。

明治37（1904）年11月３日、阪鶴鉄道はその出願以来11年目にして、待望の大阪－舞鶴間直通列車を走らせた。ささやかな地方馬車鉄道にはじまるこの鉄道が、その首尾は借りものながら、ついに山陽・山陰を結ぶ重要な幹線鉄道となったのである。しかし幹線鉄道に成長することによってローカル性はうすれていった。摂津鉄道時代の29年には、伊丹発の列車が上下合わせて36本あったのが、舞鶴直通列車の発足した37年11月には、日露戦争の影響もあってわずかに21本に減った。伊丹南口停車場も阪鶴鉄道になってから廃止され、町会はその復活を会社に請求することを決議したが、実現しなかった。会社の株主構成も大きく変化し、もはや「伊丹の鉄道」ではなくなった。本社もやがて池田（川西市寺畑）に移された。

そればかりではない。大阪－神崎間の官線利用が、将来輸送量の増大によってゆきづまることを考え、池田から大阪への直線コース（現阪急宝塚線）を延長線として申請し、むしろこれを阪鶴鉄道の本線にせんとしていたのである。伊丹は幹線鉄道にとってはもはや必要のない存在であった。尼崎－長洲間はすでに影のうすい支線となっていた。

阪鶴鉄道の国有化と箕面有馬電軌

明治25年の鉄道敷設法は、鉄道国有の原則に立ちながらも、私鉄の買収には強い方針を示さなかった。しかるに30年のいわゆる第２次恐慌以来、鉄道国有の議が再燃し、とくに条約改正にともなう外国人の内地雑居の実施を目前にして、鉄道に対する外国資本の進出をおそれる空気も強く、32年２月、政府は鉄道国有調査会を設けて私設鉄道買収の調査に着手した。日露戦争のぼっ発は軍事的にも財政的にも鉄道国有の必要性をさらに痛感させ、とくに将来外債を募集するに当たって鉄道を担保とすることの効用も考えて、39年３月ついに鉄道国有法が公布された。これにより阪鶴鉄道は他の16私鉄とともに政府に買収されることとなり、阪鶴鉄道の買収期日は40年８月１日と決まった。買収価格は、35年後半期から38年前半期にかけての３ヵ年の収益を標準として算定することになっていたので、この期中の大部分が福知山までに留っていた阪鶴鉄道は、これを不利として国有反対・延期、あるいは買収価格の引上げを繰り返し陳情したが、予定どおり40年８月１日に鉄道庁に引き継がれ、官設鉄道「福知山線」となった。買収価格は種々折衝の末、42年５月にいたり700万9513円77銭４厘と決し、公債で交付されることとなった。

阪鶴鉄道と同時に京都鉄道を買収した政府は、舞鶴線の未成部分である園部－綾部間を開通させ、さらにそれを山陰縦貫線（福知山－出雲今市間）に結びつけ、45年３月には京都－出雲今市間を全通させて、これを山陰本線とした。この山陰本線の出現によって福知山線は幹線鉄道としての地位を奪われ、再び神崎－福知山間のローカル線に格下げとなった。そして鉄道庁にとってはもはや重要性のとぼしい鉄道となり、そのまま今日にいたっているのである。

相対式ホーム2面時代の宝塚駅。C57
牽引の大阪行が写る。現在は2面3線。
写真左側に当時の国道176号や駅前が写
り、牧歌的な駅風景だった時代。左側に
阪急の駅が向かい合うようにあるのは、
今も昔も同じ。
◎宝塚
1963（昭和38）年4月6日
撮影：荻原二郎

非電化時代の宝塚駅の界隈とDD51形牽引の旧型客車や腕木式信号機。単線時代で列車交換をしている。最後尾の客車デッ
キが丸見えで、おおらかな時代の鉄道風景だ。ここがこの先電化複線区間になって、アーバンネットワーク区間になるとは
想像できない牧歌的な風景が展開していた。◎宝塚　1976（昭和51）年10月3日（98ページ下、99ページ下　2枚とも）

『宝塚市史』に登場する阪鶴鉄道（市史より抜粋）

阪鶴鉄道創立への動き

　摂津鉄道は、明治25年の「鉄道敷設法」の策定によって、設立されたが、こればかりでなく、明治26年はふたたび鉄道起業ブームが再燃した年であった。ここで先に明治22年4月から6月にかけて計画された京阪神と日本海の舞鶴を結ぶ6つの私鉄会社設立の動きが、再度活発化してきた。とくに「鉄道敷設法」第7条で、「第一期間ニ於テ其ノ実測及敷設ニ着手ス」るものとして、近畿予定線のうち、「京都府下京都ヨリ舞鶴ニ至ル鉄道」（京都－舞鶴ルート）と「兵庫県下土山ヨリ京都府下福知山ヲ経テ舞鶴ニ至ル鉄道」（土山－舞鶴ルート）の2ルートを比較線として指定されたためである。この取捨選択をめぐって京都・大阪・兵庫各府県各地域の利害関係が複雑にからみあい、対立していた。

　そこで京都側は地元有力実業家小室信夫・浜岡光哲などを中心に、明治26年7月京都鉄道会社を設立出願した。また政府も前記2ルートのうち、前者の京都－舞鶴ルートをとるような気配をみせたので、京都鉄道会社は有利な申請運動を進めることができた。

　このような事情を前にして、さきの土山－舞鶴ルートについては可能性がうすれ、これとは別に大阪および兵庫県の有力者が合議のうえ、大阪から舞鶴への別線を計画した。阪鶴鉄道会社がそれで、京都鉄道の申請より一月おくれの26年8月、摂津鉄道主要株主の小西新右衛門に、住友吉左衛門・松本重太郎・田中市兵衛などの大阪財界人を中心とし、それに大阪財界の重鎮土居通夫を発起人総代として会社設立を出願した。この計画によれば路線は大阪－神崎－伊丹－宝塚－三田－福知山－舞鶴を結ぶものであった。

　さらにまた、これとは別に、大阪から池田－園部－船岡を経て舞鶴に達する摂丹鉄道会社も、大阪財界の岡橋治助を中心に、路線の申請を出した（摂丹鉄道は28年10月却下され、29年9月再出願したがこれも30年5月に却下された）。

　これら京都・阪鶴・摂丹の3鉄道会社が、舞鶴をめざしてはげしい請願合戦をくりひろげたが、摂丹鉄道は京都鉄道と提携するにいたり、本命は京都・阪鶴両鉄道で争われることになった。その結果出願1年後の27年7月、政府は京都鉄道に対して認可を与えることに決定した。それに対し、阪鶴鉄道には大阪－神崎間は官設鉄道と重複し、福知山－舞鶴間は京都鉄道に免許を与えたという理由で、この両部分については許可せず、ただ中間の神崎－福知山間についてのみ、京都鉄道と並存しうるものとして認可されたのである。結局この舞鶴をめざしての競争で京都鉄道の方に軍配があがり、阪鶴鉄道は当初の計画よりは後退して、首尾の部分が切断された形で、まったく「阪鶴」の名に価しない結果に終わったのである。しかしこれはともかくとして、宝塚にとっては鉄道敷設の夢はいちだんと現実化の方向にむかい、あとは鉄道敷設の具体化を待つばかりとなったのである。

阪鶴鉄道の設立

　明治26年の阪鶴鉄道会社設立計画によれば、前述の土居・住友・松本・田中・小西らの株主を中心に57人が設立発起人となり、発起人総代は土居通夫であった。株主は小西新右衛門3782株、住友吉左衛門2000株を筆頭に、株数6万2300株で、資本金400万円であった。宝塚市域で株主に名のあがっているのは、境野村の谷新太郎（282株）、安倉村の中西延次郎（167株）・同田川善近（167株）の3人で、いずれも発起人にも名をつらねていた。田川善近は当時の小浜村長でもあり、これによって宝塚市域の村々でも阪鶴鉄道にかける期待の大きかったことがわかる。

　27年6月、「起業目論見書」により、「既成官線神崎停車場ヨリ有馬郡三田町及多紀郡篠山町近傍ヲ経テ、京都府下天田郡福知山町京都鉄道株式会社線停車場ニ至ル鉄道ヲ敷設シ運輸ノ業ヲ営ムコト」を出願し、翌7月に仮免許状をうけた。さらに翌28年10月に創立総会が開かれ、役員を選出し、社長に土居通夫が就任した。翌29年4月30日には免許状が下付され、さっそく実地測量や土地買収・株式募集に着手した。このとき欧米の鉄道視察から帰ったばかりの山陽鉄道技師長の南清が総務顧問として招かれた。彼はのち社長として会社経営に手腕を振ることになるのである。

　こうしてきびしい条件のもとで阪鶴鉄道は発足したが、まず第1に既定方針である神崎－池田間の摂津鉄道の既成線の買収にとりかかる一方、摂津鉄道の軌幅が川辺馬車鉄道以来の2フィート6インチを官線と同じ3フィート6インチに改める工事がなされた。翌30年2月、阪鶴鉄道は摂津鉄道会社の資本金24万円をはるかに上回る31万3673円で既成線を買収した。同年4月には仮営

業も開始され、12月27日には池田―宝塚間7.4キロメートルが開通した。これは宝塚にとって画期的なことで、以後の宝塚の発展に大きな影響を及ぼすことになった。

市域での用地買収

市域内で阪鶴鉄道敷設のために、用地買収がおこなわれたが、現在その状況が判明するのは小浜村と長尾山についての2件である。

小浜村米谷では明治31年12月1日、共有の溜池2つ（反別1歩と5畝13歩）を買収代金172円で売却することが、小浜村村会で決定した。これにもとづき阪鶴鉄道伊丹建築事務所用地掛りと小浜村長との間で、土地売買随意契約書がとりかわされた。米谷では前年に水害があり、その災害補償のために協議費がかさんで不足しているので、この売却代金を協議費に充用する旨が協議され、決定した。

また長尾山については、明治32年8月に、川辺郡西谷村のうち切畑ほか48のむらの共有山林5町4歩を、鉄道線路敷設工事に必要なため、阪鶴鉄道に譲渡することに決定した。その土地収用補償金額見積書について、共有山林管理者間で協議するため、会社側より提示された収用補償金額は378円85銭であった。このとき48のむらの共有山林管理者の代表として、川辺郡西谷村・長尾村・小浜村・稲野村・園田村・伊丹町・神津村・多田村・武庫郡良元村・武庫村、豊能郡池田町・北豊島村の各町村長が集まり、協議決定のうえ、9月5日、川辺郡長立合いのもとに会社側との仮契約書に調印したのである。

阪鶴鉄道の敷設工事

阪鶴鉄道の敷設工事は平坦な平野を一直線に敷設してできあがったものではない。六甲山脈と武庫川とを縫うように貫通させねばならなかった。この点については「阪鶴鉄道国有有之件ニ付稟請」にも「阪鶴鉄道ハ本邦中央ノ脊髄タル嶮峻ナル六甲山を横断シ、大小十九ノ隧道ヲ有スル山間鉄道ニシテ、其建築ノ困難多費ナルヘキハ多言ヲ俟タスシテ明ラカナ」りと述べ、なみたいていの工事ではなかったことを物語っている。

全線中の最難関工区間は生瀬―三田間であった。裏六甲山塊の深い峡谷に沿い、隧道と鉄橋とが連絡し、その最急勾配は1000分の14.3に達した。また同区間中の武庫第2橋梁は径間250フィート（76メートル）で架設されたものである。

なかでも生瀬―道場間の武庫川沿いの工事は難

工事であって、いまも玉瀬の山奥の墓地には、この工事中になくなった工夫の人たちやその家族の墓がたてられ、無縁仏としてまつられている。玉瀬の区有文書に残されている「埋葬認許証」のうち、阪鶴鉄道工事中になくなった人々の本籍地をみると、京都・奈良の近府県はもとより、遠く広島・岡山・静岡・新潟から働きに来ていたことがわかる。このような無名の尊い犠牲のうえに、阪鶴鉄道工事は着々として福知山をめざして続けられたのであった。

小浜村会、大阪府への所轄替えを決議

阪鶴鉄道が宝塚駅まで開通して1ヵ年を経過した明治32年1月10日、小浜村会でつぎのような意見がでて、決議された。

川部郡の地勢は兵庫県の最東端に位置しているが、土地の経済状況や人情・風俗・習慣などは、ことごとく大阪府に密着している。とくに近時交通運輸上の進展により、阪鶴鉄道は神崎駅において官設鉄道と連絡し、大阪（梅田）駅へ直通できるようになってきた。小浜村の人々も宝塚駅や中山駅を通して、公私両面にわたって大阪府との交流がいっそう強まってきている。また、鉄道を通じて伊丹や尼崎とも結びついて、これまで以上に大阪との経済的関連を盛んにしてゆきたい。これが大阪府に所轄替えを希望する一因である。

もう1点は大阪府に比し兵庫県の地方税の負担が過重である。しかも諸施設において、常に大阪府に対し兵庫県が数段おくれをとっていることは、郡内を貫通する道路や猪名川・神崎川東西の治水事業を比較してみても歴然としている。この地方負担の相違が、大阪府への所轄替えを希望する第2の理由である。

乗客数と貨物

明治32年7月15日、神崎―福知山間が全通し、同17日に大阪―福知山間の運転を開始した。36年1月20日の改正時刻表ならびに運賃は写真83のとおりである。

さて表45は各等級別に主要駅の乗客数を示したものである。ここで注目されるのは、伊丹・池田に比べて、乗客数の割に宝塚・生瀬両駅の1等乗客数が多いことである。これは単なる通勤用としてではなく、温泉行きのレジャー的性格をもっていたことを物語るものであろう。生瀬も当初は「有馬口」と呼んでいたように、大阪から有馬温泉への窓口となっていたからである。当時の宝塚旧温泉もまたこの阪鶴鉄道の敷設によって、大阪と直

結することになり、多くの湯治客や遊山客を迎えて温泉旅館も建ちならび、宝塚繁栄への第1歩をふみだしたのであった。

明治37年に政府は官線舞鶴線（福知山ー舞鶴）を完成し、大阪ー舞鶴間の直通列車を実現したものの、30年代の全般的不況のなかでは、その利用が必ずしも高まったわけではなかった。33年から大正8（1919）年にかけての、伊丹・池田・生瀬と市域の中山・宝塚・武田尾の各停車場の乗客数を表46に示した。とくに30年代後半が前半よりも下回っており、不況の影響はそれだけ深刻なものであったことがわかる。やがて国有化される経営上の必然性がそこですでにあらわれていたといえよう。

しかし40年代に入るとややもちなおし、ふたたび増大の方向にむかっている。ただ43年には、同じ区間を箕面有馬電鉄が走ることになるので、これとの競合関係は注目されなければならないだろう。そのなかで、箕面有馬電鉄とまったく関係のない伊丹駅の乗客数が増大しているのとは対照的に、池田・中山寺駅は42年を境に、極端に減少している。そして宝塚駅については、両鉄道の停車場とも、乗降客数はますます増大傾向にあって、両者の間に大いに補完関係のあることがわかる。また武田尾駅も明治末年より大正にかけていちじるしく増大している点が注目される。なお生瀬駅については明治32年1月、生瀬ー三田間が開通して、有馬口駅を生瀬駅と改称し、有馬温泉への浴客は三田を経由したが、とくに大正3年に三田ー有馬間に軽便鉄道が開通し、完全に温泉客は三田駅で乗降して、生瀬駅の乗客数は減少を示している。

他方、大正期に入っての乗客収入と貨物収入を比較したのが表47である。乗客収入に比して貨物収入の割合の高いのは、中山寺・生瀬の両駅であり、宝塚駅は完全に乗客収入に依存する駅である。これに対して大正2年より開駅する惣川は、はっきりと貨物駅として存在していることがよくわかる。これについては後述するが、宝塚歌劇と温泉の発展期を迎える大正期には、阪鶴・阪急両軌道が並行しながら、宝塚が開発され、人口も増大し、都市近郊住宅地として発展するきざしをみせはじめるのである。

阪鶴鉄道の国有化

明治39年の「鉄道国有法」の公布により、阪鶴鉄道も他の16私鉄とともにその買収の対象となった。この法案作成のために調査委員会が設けられたが、同委員会が提出した「鉄道国有ノ趣旨概要」によると、鉄道国有による大きな効果として、（1）運輸の疎通、（2）運搬力の増加、（3）運賃の低減、（4）設備の整理統一、をあげている。また日露戦争終結後のこととて、当時13億円に達していた戦時外債を整理するうえでも、鉄道を国有管理にしておくことが必要であった。なぜなら、私設鉄道会社の有利な株式を外国人に買収され、外資の進出を許すよりは、国家管理によってこれを未然に防ごうとする意図もふくまれていたのである。

こうして鉄道国有法が公布され、買収期日は40年8月1日と決定した。買収価額については同法第7条により、建設費以内にすると協定された。具体的には35年度から37年にかけての3ヵ年の収益平均額を20倍した額となっていた。しかし阪鶴鉄道では、この期間は37年11月の舞鶴線開通後わずか11ヵ月を経過したにすぎず、前記3ヵ年の期間の大部分が福知山までにとどまっていた不利益を主張して、39年10月、政府に意見書を上申した。さらに同法第1条の但書によって、同社を適用除外されたい旨を述べ、のち再度陳情に及んだ。つまり同法第1条では、一般に運送用の鉄道はすべて国有とするが、「一地方ノ交通ヲ目的トスル鉄道ハ此ノ限ニアラス」という但書がついており、この除外例の適用を願いでたものである。

しかし結局、当初の予定どおり40年8月、同社鉄道および兼業に属する海運関係資産をあわせて買収されることになり、それによって管轄が鉄道庁のもとで、官設鉄道「福知山線」として国有化されたのである。のち42年5月になって、その買収価額は鉄道部門700万9513円77銭4厘、兼業部門85万3102円50銭1厘と決定した。

また京都鉄道については、これを買収したうえで、政府は舞鶴線の未完成部分（園部ー綾部間）を開通させ、さらにそれを山陰縦貫線（福知山ー出雲今市間）に連結させ、45年3月に京都ー出雲今市間の全線を開通させて、ここに山陰本線が完成した。この山陰本線の出現によって、またもや福知山線は幹線鉄道としての地位を奪われ、ふたたび神崎ー福知山間のローカル線に格下げされたのである。国有化に反対して「阪鶴鉄道ハ将来園部・綾部間及山陰本線落成ノ暁ニハ忽チ山間ノ一線路ニ過キサルモノト為ルヘシ」という当初の懸念が、ここに現実になってあらわれたものといえよう。

渓谷沿いを抜けるD51牽引の貨物列車。D51は初期形の特徴である「なめくじドーム」だ。煙突の後ろ、砂箱との間に給水加熱器があり、それを覆い被せたスタイルがなめくじに似ているために、そう呼び名が付いた。
◎武田尾～生瀬　1961（昭和36）年9月7日　撮影：林 嶢

白線の入ったC57形152号機牽引の列車。写真右側には懐かしい線路際のアイテム、ハエタタキが並ぶ。電信電話用の架空線を張って中継するための柱で、まるでハエをたたくハエタタキのようだった。
◎武田尾～生瀬　1961（昭和36）年9月7日　撮影：林 嶢

C11牽引の列車。725列車で大阪発篠山口行の区間列車。当時は大阪〜福知山間を通しで運行する列車が主体だったが、現在の運転系統に見られるような大阪〜篠山口間の運行も比較的多かった。
◎生瀬〜武田尾　1962（昭和37）年8月14日　撮影：林 嶢

武庫川沿いを走るDF50形牽引の列車。701列車、急行「三瓶」浜田行で2両目と3両目は等級帯が付いた一等車。一等車を除く一部の編成は大社行。夏の日、線路近くの護岸に腰掛けて川のほうを向いている人が写る。何とものんびりしていた時代だった。◎生瀬〜武田尾　1962（昭和37）年8月14日　撮影：林 嶢

当時は新型だった急行形気動車キハ58系が渓谷と山の間をすり抜ける。大阪と山陰を結んだディーゼル急行「白兎」で、キ
ハ58系は当時まだ非冷房。夏の撮影で、窓を上昇させて風を受ける乗客の姿が写る。
◎生瀬〜武田尾　1962（昭和37）年8月14日　撮影：林 嶢

キハ55系ディーゼルカーによる準急「丹波」がカーブを描きながら武庫川沿いを行く。クリームに臙脂色帯の準急色。大阪
〜城崎間を結ぶ気動車準急で、一部編成は福知山で分割して綾部から舞鶴線、宮津線経由で城崎へ向かう遠回りルートであっ
た。◎生瀬〜武田尾　1962（昭和37）年8月14日　撮影：林 嶢

駅舎の駅名板に国鉄と入った国鉄三田駅舎（写真左）と神戸電気鉄道（現・神戸電鉄）三田駅舎（写真右奥）。両駅舎の位置関係がよくわかる構図。駅舎玄関に神戸電鉄のりばとあるが、これは当時の略称で、正式な社名は神戸電気鉄道だった。神戸電鉄が正式に社名になったのは1988（昭和63）年のことであった。◎三田　1970年代　撮影：山田虎雄

在りし日の三田駅の旧駅舎と駅前の様子。前庭の松が印象的だった。福知山線の電化複線化工事の関係から主要駅にしては橋上駅舎化が比較的遅かったが、国鉄分割民営化直前の1987（昭和62）年3月に橋上駅舎化した。よって、橋上駅舎は国鉄時代に少し被っている。神戸電気鉄道（現・神戸電鉄）の三田駅が隣接し、国鉄と連絡して貨物輸送を行っていた時期があったが、写真の前年に国鉄駅の貨物の取り扱いが廃止されており、すでに接続線は廃止されていた。
◎三田　1982（昭和57）年8月　撮影：安田就視

三田駅から篠山口方面へ向かう途中の駅で、相野駅と草野駅の間にある駅。写真は下り列車が到着したところ。篠山口側から撮影した駅風景で、写真左側のホームが上り、三田、宝塚、大阪方面。当時は2面3線で、上りホームの外側にも線路が写る。
◎藍本　1980（昭和55）年5月17日

C57形152号機が牽引する上り列車が到着。荷物を待ち構える荷車がプラットホームに写る。写真は駅舎側のホームで島式ホームではなく、写真右側に写るのは切り欠きホームに停車する篠山線の気動車。篠山線（篠山口〜福住）との乗換駅で、篠山町の中心地に近い篠山駅などと篠山口間を結び、1972（昭和47）年に廃止された。ちなみに、篠山口駅や篠山線の篠山駅は旧篠山町内ではなく旧丹南町が所在地だった。◎篠山口　1961（昭和36）年5月1日　撮影：荻原二郎

旧駅舎時代の篠山口駅。右側に写るバス窓の路線バスが懐かしい。駅舎は1997（平成9）年に橋上駅舎化。駅名のとおり、多紀郡篠山町への入口という意味の駅名で、駅の所在地は篠山市（現・丹波篠山市）発足まで同郡丹南町だった。1972（昭和47）年に篠山町の中心に近い篠山駅（この駅も丹南町に所在した）を通る篠山線が廃止された。1999（平成11）年に篠山町は丹南町を含む他の3町と合併し、新たに篠山市が発足。現在は市名の変更で丹波篠山市である。
◎篠山口　1982（昭和57）年8月　撮影：安田就視

加古川線の分岐駅谷川駅。キハ58系の急行と並ぶのは、新大阪〜浜田間を福知山線経由で運行した時代のキハ82系特急「やくも」。1972（昭和47）年の山陽新幹線岡山開業により新規に設定された伯備線経由のディーゼル特急へ愛称を譲った。
◎谷川
1966（昭和41）年6月5日
撮影：荻原二郎

撮影年の1975（昭和50）年当時の福知山機関区には、前年に米子機関区から転属してきたDD54形を合わせて、全機が同機関区に集まっていた。これは山陰本線の優等列車牽引からDD54形が撤退してDD51形化されたためで、DD54形は福知山線や播但線を当時走った。◎福知山機関区　1975（昭和50）年9月27日　撮影：隅田 衷

福知山線ホームにやってきたDD54形と貨車数両。写真当時、福知山駅に居れば、この異端のディーゼル機関車DD54形を見ることができた。写真右奥に写るのは福知山客貨車区。現在は高架駅になり、すっかり様変わりしている。
◎福知山
1975（昭和50）年9月27日
撮影：隅田 衷

篠山線

駅名標は福知山線向きに立ち、篠山線の次駅表記は写っていない。篠山線のキハ10系気動車が停車するのは、駅舎側プラッ
トホームの切り欠き部分で、写真右側の駅舎側が行止りである。キハ10系に貨車(写真奥)を連結した混合列車が篠山口駅に
到着したところで、折り返し篠山線、篠山口発福住行となる。◎篠山口　1961(昭和36)年5月1日　撮影:荻原二郎

駅舎の線路側から見た様子。「ふくすみ」と濁らない駅名標が写る。閑散路線の終着駅を感じさせる小さな駅舎と改札口だった。ただし、京都府の園部駅まで路線が延びる計画があったため、国鉄バス園篠線が駅前広場まで乗り入れていた。
◎福住　1961（昭和36）年5月1日　撮影：荻原二郎

『丹南町史に登場する』福知山線・篠山線 （町史より抜粋）

国鉄福知山線

　明治39年「鉄道国有法案」が可決公布されたことによって、阪鶴鉄道も国有化の対象になった。当時は日清・日露の両戦争によって鉄道の重要性が認識され、また社会的にも、国有化によって官・私の鉄道を一元化し、サービスの平均化を望む声が高まってきたことによるもので、この「鉄道国有法案」が明治37年逓信省で立案されたとき、その文案作成にあたった逓信次官の田健次郎は、阪鶴鉄道社長田艇吉の実弟で、皮肉な巡り合わせと言われている。

　田艇吉は、国有化に際して長文の陳情書を政府に提出して、阪鶴鉄道を買収から除外してほしいと請願している。つまり、阪鶴鉄道は経済不況の中で高利の借入金に頼って建設したもので、営業利益はほとんど利息の支払いに充てられており、一昨年ようやく当初の目的であった舞鶴までが開通し、これからという矢先に買収されるということは、株主にとっては大変な損害であり、更に、買収の標準価格の算定基礎とされる過去3か年の営業実績で評価されるのは、舞鶴まで開通以前の不本意な実績評価であり、株主として堪えられないと、建設当時からのいきさつを述べて、よろしくご詮議下されたくと結んでいる。

　ところがその甲斐なく、明治40年、阪鶴鉄道は同社の鉄道及び兼業に属する海運関係の資産を合わせて買収されることに決定し、8月1日、田艇吉社長は政府代表と本社で会合し、全事業の引き継ぎを完了した。

　なお、阪鶴鉄道の買収価格は、鉄道部門700万9513円77銭4厘、兼業部門85万3102円50銭1厘であった。

　それ以来、国鉄福知山線は、明治・大正・昭和の3代にわたって丹波地域住民の足として、また阪神経済圏を支える動脈として活躍してきた。トンネルの連続する道場〜生瀬の武庫川渓谷を縫って、煤煙にむせながらの蒸気機関車の旅も、振り返れば昔懐かしい思い出である。

ディーゼルカーへ

　その後列車の増発、時間短縮、快適な旅行を求めディーゼル化を目指して、3年越しの運動が実り、昭和29年5月15日からディーゼル列車の運行が開始された。

　途中の各駅では地元の盛大な歓迎行事を受けて、篠山口駅では弁天集落からの花束贈呈などがあって町村長らが乗り込み、福知山まで往復している。この当時の運行ダイヤは、蒸気機関列車11往復の間にディーゼル車上下9本を織り込ませて運転したが、大阪からの下り列車の時間が遅くまであるので喜ばれていた。

南矢代・草野駅の開設

　ディーゼル列車の運行に合わせて、南矢代駅の設置運動がようやく実を結び、昭和30年10月24日に開業した。この日午前8時45分、初停車の下りディーゼルカーに南矢代分校の児童100人が乗車、篠山口駅までの往復の試乗を行った。午前10時から新駅のプラットホームで開設式が行われ、福鉄局大島運輸部長、有田喜一代議士ら多数が列席して酒井町長が喜びの挨拶を行い、南矢代公民館で祝賀会や演芸会などの催しがあり、地区挙げての祝賀行事が行われた。朝夕の通勤列車のみ停車であったが、それ以来近隣地区の通勤者に親しまれている。

　草野駅の設置は昭和33年3月27日である。この日午前9時34分、福知山発大阪行ディーゼルカーが草野駅に初停車、開業式が行われた。万国旗で飾られて到着したディーゼルカーは、早朝から古市駅までわざわざ歩いて同駅から乗車していた草野地区の学童たち約100人が、日の丸の旗を振りながら下車、1分間の停車中に運転士への花束贈呈などセレモニーが行われ、地区公民館で喜びの祝賀会が催された。当初は1日4往復のディーゼルカーのみの停車であった。

国鉄篠山線
まぼろしの京姫鉄道

　国鉄篠山線は、初めは篠山口と園部を結ぶ目的で計画されていた。もともとこの路線は、阪鶴鉄道と同時に「京姫鉄道」として京都から園部を経て、福住・篠山・真南条・古市・社・姫路を結ぶ鉄道として計画されていながら、立ち消えになっていたいきさつがある。そこで大正時代に入って、福住の山川頼三郎らが運動を起こしてその結果、大正14年第50議会において園篠鉄道が採択され、昭和2年に新線予定調査線に入り、昭和6年から起工と発表されていた。ところが大不景気に見舞われ、内閣の更迭、国家財政の緊縮方針から、折角の期待にもかかわらず、全国の多くの線と同時に削除になってしまったいきさつがある。

その後再び軍事経済上から篠山〜園部間の鉄道計画が見直され、太平洋戦争の軍需資材である硅石、マンガンなどの開発と輸送を目的とした国策線として、昭和17年に着工された。多紀郡の各村では勤労報国隊を編成して建設工事に協力した。これらの土木作業はすべて人力で、ツルハシを振るい、トロッコを押し、モッコを担いで8月15日から9月30日までの45日間に、動員された人員は延べ1万人にも達した。

このように戦時中の資材、労力不足の中で、早期の開通を図るために、その路線は篠山町の中心を離れて、篠山駅（篠山口）から吹新の南を通って谷山を経由、北に東篠山駅（篠山駅）、八上上に八上駅、八上新に丹波日置駅、村雲村向井に村雲駅、福住中に福住駅が設置された。そして昭和19年3月21日に開通式を挙げて運転を開始したが、昭和20年8月、敗戦とともに福住〜園部間は工事が中止になってしまった。

その後もたびたび園部までの延長運動が繰り返され、昭和32年の6月には、国鉄5か年計画の中で予定線に繰り入れられたが、そのころから、国鉄の経営合理化が大きな課題となってきたのである。

篠山線廃止までの道すじ

○昭和33（1958）年11月1日、国鉄は経営合理化の一環として、篠山線を「運輸区」に指定して各駅長を廃止した。これは国鉄の赤字対策として全国的に赤字路線に対して取られた措置であった。

○昭和35年、国鉄は経営効率の悪い全国50の路線について廃止の方向を打ち出した（篠山線は関西の赤字路線の中でトップ）。これに対して郡内では一斉に廃止反対の運動を展開した。

○昭和35年7月6日、兵庫県議会は篠山線廃止反対の決議を満場一致で可決。関係当局に意見書を提出した。

○昭和39年11月、篠山線の運輸区を廃止し、八上以東の4駅を無人化して篠山口駅長の管理とした。

○昭和43（1968）年9月、国鉄諮問委員会は経営合理化のため、全国の赤字ローカル線について廃止するように意見書を出した。その中で篠山線は11番目に挙げられていた。そこで、「篠山線廃止反対同盟」を組織して反対運動を起こした。

○昭和45（1970）年9月21日、福知山鉄道管理局長が来郡し、沿線の各町に対して営業廃止の方針を伝え、協力を要請したが、その方針は、

①昭和46年3月末を目途に廃止したい。

②国鉄バスの運転回数を増やし、便利を図る。

③国鉄バスのスピードアップを図り、列車への接続をよくする。

④実態に即して臨時便の増発を行う。

⑤現在、通勤、通学の定期券所持者にはできる限りの補償をする。

⑥荷物や貨物は篠山口駅に荷物設備を整備して取り扱う。

⑦その他、地域発展のためにできる限りの協力を約束する。

という内容であった。

○昭和45年11月、事態を重視した郡内では、「篠山線廃止反対対策協議会」を結成し、郡民の署名運動を展開するとともに、陳情書を関係当局に発送することを決めた。ところが、篠山線の営業成績は、年々悪化するばかりであった。そのような厳しい現実の中で、廃止反対運動は次第に廃止条件運動に変わっていった。そして、一切の問題を兵庫県に委譲し、県と国鉄との折衝にゆだねることになった。

○昭和46年3月、兵庫県、地元各町長、国鉄の3者によるトップ会談を持って、4月下旬に地元4町から19項目にわたる条件の提示をまとめた。

○昭和46年6月、国鉄は地元の要望条件19項目を中心に、数回にわたるトップ会談を持って最終回答を行った。そこで沿線の各町は、多紀町を除いておおむね同意し、8月21日に多紀町議会も同意の確認をした。

○昭和46年8月27日、神戸市私学会館において、地元4町の町長、議会議長、郡選出県会議員、国鉄側から一条幸夫大阪支社常務理事、田中隆造福知山鉄道管理局長、県側から楢崎副知事、戸谷企業部長らが立ち会い、同意書に調印した後、覚書を交換して、いろいろと曲折を経ながらも、ここに篠山線の廃止が決定した。

加古川線

旧駅舎と駅前の様子。駅舎が古色蒼然とした雰囲気だった。それもそのはず、旧駅舎は1910（明治43）年築の西成線（現・桜島線）桜島駅の駅舎を1919（大正8）年に移築したと伝わる。改修を加えつつ近年まで旧駅舎は現役で、2005（平成17）年に完成した連続立体交差事業にともなう駅高架化により解体された。◎加古川　昭和30年代　撮影：山田虎雄

Ｃ12形250号機牽引の加古川線旅客列車。多くは加古川線野村駅（現・西脇市駅）分岐の鍛冶屋線直通列車で、乗降客が沿線で多かった鍛冶屋線西脇駅と直通する配慮がされていた。加古川線のりばは、駅の端。写真右側のように多くの側線が並んだ。加古川線のホームは高砂線と共用で、加古川線列車が停車する左側向うが高砂線のりば。低いプラットホームが汽車時代のホームらしい。
◎加古川
1956（昭和31）年7月15日
撮影：髙山禮蔵

3社の鉄道が乗り入れる駅だが、駅舎はJRの駅舎のみ。写真は旧駅舎で、現在の駅舎は2009（平成21）年に誕生。写真は旧駅舎で、1913（大正2）年に播州鉄道（播但鉄道を経て国有化）の駅として開業以来改修を重ねて使用されてきた駅舎だった。写真の駅舎は4つの採光窓が塞がれた後の様子。
◎粟生
1990（平成2）年8月20日
撮影：安田就視

湘南窓の前面にバス窓の側面が印象的だったキハユニ15形を連結した列車。キハ15形を郵便荷物合造車へ改造した車両だっ
た。写真は野村駅時代で現在の西脇市駅。鍛冶屋線が分岐し、西脇市街地の同線西脇駅が隣駅だった。鍛冶屋線廃止にとも
ない野村駅から西脇市駅へ改称した。◎野村（現・西脇市）1961（昭和36）年8月11日　撮影：荻原二郎

『加古川市史』に登場する阪鶴鉄道・播州鉄道（市史より抜粋）

舞鶴争奪戦

現在のＪＲ加古川線（加古川〜谷川）、三木鉄道（厄神〜三木）、北条鉄道（粟生〜北条町）それにすでに廃止されてしまったＪＲ高砂線（加古川〜高砂）は、いずれもかつて私鉄播州鉄道の路線として建設されたものである。

播州鉄道株式会社が加古川町郡公会堂でその設立総会を開いたのは明治44年５月18日のことであるが、ここに至るまでには鉄道誘致・忌避をめぐる加古川流域のさまざまな事情や明治中・後期の国内経済情勢が複雑に絡んでいた。

この地域に鉄道を建設しようとする動きは明治20年ころまでにさかのぼる。18年ごろ、それまでのインフレが一応の終息をみせるとほぼ時を同じくして一種の「鉄道建設ブーム」がおこった。それは、地域の要求の反映というよりは、都市部の資本家が地方の富裕地主層を巻き込んでおこした一種の投資ブームという性格を色濃くもっていた。明治20年に鉄道局長官が総理大臣に提出した内陳書が「概ネ近来流行ノ鉄道病ニ罹リ、宛モ発熱煩悶シテ讒言ヲ吐クモノノ如ク、口頭ノ演述紙上ノ論説ヲ以テ、鉄道ノ布設ハ其計画モ立チ其施工モ亦ナシ得ラルルト妄想スルモノアルニ至レリ」と、その計画のずさんさを厳しく批判しているところにも、当時のブームの一端をかいま見ることができる。もとより鉄道建設事業は国有とするというのが明治政府の基本方針であったので、この時期の諸申請のうち実際に着工段階にいたったものはわずかで、大半はあっけなく却下される運命となった。

この時期の出願会社の一覧表のなかに「南北鉄道」の名がみえる。同社は兵庫県の土井源三郎ほか19名が発起したもので加古川と軍港・舞鶴を結ぼうと計画した。市域における鉄道計画の嚆矢である。しかしながら同じ22年に播丹鉄道（飾磨〜舞鶴）、舞鶴鉄道（大阪〜舞鶴）、摂丹鉄道（尼崎〜舞鶴）、京鶴鉄道（京都〜舞鶴）がほぼ同じような目論見のもとに出願を試みたため、これらはすべて却下の憂き目にあっている。その後、25年に制定された鉄道敷設法には京都〜舞鶴間もしくは土山〜舞鶴間が予定線としてあげられていたが、京都と大阪の熾烈な"舞鶴争奪戦"のなか、土山ルートは翌年２月の会議で22対１という大差で敗退した。このような状況下さらに、大門村（現在の社町）の蓬莱宗兵衛らによって播磨鉄道（明石〜谷川）、

高福鉄道（高砂〜福知山）、土鶴鉄道（土山〜舞鶴）など市域に関係する鉄道計画が打ち出されたが、結局いずれも具体化には至らなかった。

西岸ルートで着工

軽便鉄道法の施行（1910年８月）をうけて播州鉄道株式会社が鉄道敷設法ではなく、より条件の緩やかな軽便鉄道建設の免許申請を出したのは、同年11月のことであった。発起人は、加古川町寺家町の三宅利平、氷丘村の吉田喜代松、加古川町の伊藤万次郎ら12名であった。資本金は180万円（１株50円）で、1307人の株主のなかには大西甚一平（700株）、多木三良（670株）の名も見える。起業目論見書によれば、本店は加古川町におき、高砂から加古川沿いに西脇までの路線を本線とし、現在の三木鉄道、北条鉄道にあたる２本の支線と粟津村（加古川町粟津）で本線から分岐して官線加古川駅に至る貨物専用支線（直後に単なる支線に変更）を擁する計画であった。

この申請内容とそれまでの計画とには大きな相違点が２つある。１つは、阪鶴鉄道（現在の福知山線）と連結して播州鉄道を南北横断鉄道の一部とするという夢を、少なくとも具体的な計画策定のレベルでは放棄してしまったことである。このことは、播州鉄道が加古川水運に代わる純粋な地方輸送鉄道であるとあらためて位置づけなおされたことを意味する。いま１つは、土地買収費などが高くつく加古川東岸ルートをとらず、加古川を出て早い段階で西岸に渡り西脇まで北上するという路線選定である。この決断は、東岸に位置する社、滝野の住民には不便を強いることとなり現在にまで禍根を残す結果となったが、発起人の１人である加東郡河合村の斯波与七郎が土地を提供したこともあって、建設費節減や工期の短縮に貢献するところ大であった。

1912（大正元）年９月16日付の内閣総理大臣あて「路線変更認可申請書」によれば、「其流域ノ調査及関係地方ト協議ノ結果、其架橋点ヲ現設計ヨリ下流ニ移動スルノ必要ヲ認メ」とあり、対策どおりかどうかは即断できないものの、ほぼ住民側の意向にそった変更がなされた。

開通のインパクト

1913（大正２）年１月30日付「鷺城新聞」は、加古川町から国包の加古川橋梁の手前までがすでに完成し機関車に引かれた工事用車両が運転中であ

ることを伝えている。しかしながら他の線区の進ちょくは思わしくなく、この時点で高砂町から北在家までは、いまだ土地買収中で工事にかかれず、山陽本線をまたぐ跨線橋のみ工事中という状況であった。市域南部での工事の遅れは盛り土による多雨時の周辺の浸水が懸念されたことと加古川尻架橋の技術的な困難性によるものである。このため播州鉄道では、とりあえず加古川〜国包間を先行開業することとし、その期日を4月1日と定め、3月25、26日には鉄道院の監査を受けた。29日には加古、印南の両郡長、警察署長、沿線町村長らを迎えて午後1時から開通試乗会、午後3時からは「芸妓30余」も交えての披露宴が催された。

開業当初は上下とも7往復で加古川の始発は午前6時、終発が午後7時18分、神野・日岡を経て終点の国包までの所要時間は18分、運賃は日岡まで5銭、神野まで9銭、国包まで13銭であったが評判は非常によく、4月16日付「鷺城新聞」はその盛況ぶりを「…乗客予想外に多く毎日毎列車満員の盛況を呈し荷物の集散亦意外に多く頗る好況にして今加古川駅における本月1日開業以来13日迄の客貨取扱状況を聞くに乗車人員3千104人、降車人員3千495人…」と伝えている。また24日付の記事では、列車本数が往復各9往復に増強されたこと、従来土山駅と社町を結んでいた東播馬車が国包に乗り入れたことなどを報じており、播州鉄道の開通がかなり大きなインパクトをもったものであったことを想像させる。

一方、未成線の工事も順調に進み8月には国包〜西脇間、12月には加古川〜高砂口間が完成するが、1914（大正3）年1月には資金難にともない北条支線と三木支線の敷設期限延長申請を提出。6月には約2割の運賃値上げを届けている。同年9月には高砂浦〜西脇間の本線が、翌年3月には北条支線が完成するが、三木支線についてはその後何度か期限延長を申し出、ようやく1916年11月に国包〜別所間の暫定開業にこぎつけている。三木支線が完成するのは1917年3月で、1916年に免許を得た本線の福知山線谷川までの延伸が完成するのは1924年のことになる。

不安定な経営

開業当初のにぎわいとは裏腹に、播州鉄道の経営は必ずしも安定したものとはいえなかった。営業報告書（大正2年度前期）は、「6、7月に収入が減っているが、これは農繁期だったためと天候不良のためで、秋になれば農産物の出回りとあいまって好況になるにちがいない」と述べ、経営が農家の生活暦に影響されていた事実をうかがわせる。その年の秋には期待通り収入は伸びるのであるが、それも「時ニ沿道近在ニ於ケル神社寺院ノ祭典アリ。其他興業物等催サレ為ニ著シク旅客ノ増乗ヲ看ルコト屢アリ（中略）」というのが実態で、「最良好ナリシハ十月ニシテ、之レハ農家ノ閑散季ナルト相俟テ姫路市ニ催サレタル射盾兵主神社ノ臨時大祭アリシニ因ルナリ、当時当社ハ鉄道院トノ連絡割引往復乗車券ヲ発売セシヲ以テ、参詣者ハ便ヲ得テ旅客ノ数ヲ増シ開業以来曽テナキ盛況ヲ極メ、其実況ハ社員ヲシテ快ヲ叫バシメタリ」（第6回営業報告書）という記述などから推測すれば、当初の鉄道経営はまさにお天気頼み、神仏頼みの状況であったことがわかる。

さらに経営に大きく作用したのは景気である。本線が暫定開業しさらに延伸工事が続けられていた1913（大正2）年は不況の年で、とくに播州鉄道に打撃だったのは米相場の暴落であった。この年の夏は「概シテ豊饒」な作柄で経営陣は貨物収入の増大に期待をつないだのだが、「米界ハ外米輸入其他ノ経済作用ニヨリテ打撃ヲ受クルコト深甚ナリ、為ニ市場ハ暴落ニ次クニ激落」という状況下、「人気銷沈シ直接、間接ニ蒙ル当社ノ不利益実ニ甚大」というありさまであった。

しかしその後、大正3年には多木製肥所の燐酸肥料、三菱製紙場に発着する原料や製品の輸送を開始し、また翌年には日本毛織工場の燃料石炭輸送のほか高砂鐘淵紡績や三菱製紙場と協定を結んで発着貨物の一括引き受けに成功するほか、6年には九州若松港と高砂港との間の石炭海上輸送事業も構想するなど、播州鉄道は農産物輸送に偏した貨物輸送から、より安定した収入を見込める工業原料、製品の輸送へと傾斜していく。このような努力や「日本毛織ノ通勤女工ノ勧誘」が功を奏してか、2年度から8年度までの間に、貨物取扱数量は3万2086トンから28万653トンへ、旅客数も36万4191人から130万4454人へと増加した。それにともなって収入は8万3527円から7倍弱の57万1009円に増加している。加古川町もまた、播州鉄道の本社建設に際しては、「歓迎ノ意ヲ表シ」て2千円の寄付ならびに町税・付加税を4年度以降5年間免除することを決め、側面からの支援を行なっている。

加古川線のキハ06形44。写るプラットホームは、写真だと島式ホームのように見えてしまうが、駅舎側のプラットホームの先にある加古川線のりば。手前の線路は駅舎側の行止り側へ敷かれた側線（現在は撤去）。跨線橋の右側先に駅舎が建つ。キハ06の向うには福知山線の列車が写る。◎谷川　1961（昭和36）年8月11日　撮影：荻原二郎

播但線

東3番ホームとC57形46号機牽引の列車。プラットホームには乗務を終えて安堵と笑顔の表情を浮かべる車掌が写り、写真奥にはC57形と牽引車両を切り離すための構内手が手旗を持って立っている。切り離し後のC57は、写真左側に写る線路へ渡り線から入り、写真奥の機関区方面へ向かう。◎姫路　1970（昭和45）年10月25日　撮影：林 嶢

行止まり式の播但線ホームで駅の東端。C57形が写る手前側が行止まり。午後のひとときで、東3番ホームに到着した集煙装置付きのC57形11号機が牽引する和田山発姫路行636列車。駅のホームいっぱいに運び出された荷物が写る。写真左側の北側には留置線が広がっていた。
◎姫路
1970（昭和45）年10月25日
撮影：林 嶢

姫路駅の飾磨港方面用駅名標。飾磨港起点〜姫路間は、飾磨港線とも俗称されたが、正式には播但線の一部で、福知山線支線の通称名だった尼崎港線とは違い、あくまで飾磨港線は便宜的に呼ばれていた。のりばは、播但線姫路〜和田山間方面のホームではなく、離れた西7番という切り欠きホームから発着していた。◎姫路　1961（昭和36）年7月11日　撮影：荻原二郎

飾磨港駅は支線の駅ではなく播但線の起点駅だった。ただし、旅客列車は1日2往復の発着と少なく、時刻表では姫路〜和田山間の播但線記載欄とは別に姫路〜飾磨港（播但線）として掲載された。飾磨港駅の旅客用ホームが写る。右側に写るのは貨車の留置線で、その向こうに貨物用ホームがあった。駅舎は写真手前側で旅客用ホームは頭端式だった。1986（昭和61）年11月の姫路〜飾磨港間廃止にともない廃駅。◎飾磨港　1981（昭和56）年12月5日　撮影：安田就視

姫路駅の旧駅ビル。1959（昭和34）年に竣工した民衆駅で、三代目駅舎。デパートがあり、地下には名店街があった。駅前の通りを進むと姫路城、写真左側には姫路城の別名、白鷺城にちなんだ白鷺のモニュメントが写る。現在は新しい駅ビルの「ピオレ姫路」になっている。◎姫路　1980年代後半　撮影：山田虎雄

『姫路市史』に登場する播但鉄道 （市史より抜粋）

播但鉄道

　播但鉄道につながる鉄道の敷設申請は、明治20年6月に遡るとされている。発起人は、内藤利八（神東郡河川辺村）・内海芳次郎（飾東郡白浜村）・田隅太郎（神西郡谷村）・堀甚左衛門（神東郡屋形村）・内藤英太郎（神東郡西川辺村）・中川瀬七（姫路竪町）・岡玖平（姫路米田町）・大住三郎（三原郡七江村）・浅田貞次郎（朝来郡生野口銀谷町）の9人であった。「生野ヨリ、（中略）飾磨港ニ達スル」ルートを対象に、当初は馬車鉄道を企図した。目的は生野銀山の鉱物資源運送の円滑化であった。馬車鉄道の敷設許可は明治21年5月におりたが、その後に敷設計画を馬車鉄道から汽車鉄道へと変更し、翌年4月には発起人を増やして申請したが、「種々ノ支障ニ遭遇」し、同年10月に改めて敷設申請された。

　この変更の経緯については判然としない点があるが、福知山鉄道管理局編『福知山鉄道管理局』によれば、馬車鉄道の敷設を申請した内藤利八らとは違って、藤田高之らの勢力からも明治22（1889）年に、「生野飾磨間汽車鉄道」敷設申請がなされ、両者が合流して、同年10月18日に汽車鉄道の敷設申請が改めて出されたようである。しかし、この申請への認可は遅延して、明治24年9月には再び仮免許を求める具申書が作成される。「播但鉄道」という名称はこのときに使われたようである。そして明治25年9月に再申請がなされた。播但鉄道に敷設免許が下付されたのは翌年6月30日であった。

　明治22年の藤田らの申請書のメンバーは、明治20年の内藤らの申請書とを比較すると、ここには東京・横浜などのメンバーが現れ、参加するメンバーの地域が広範化していることがわかる。両者にも顔を出すのは内藤と浅田貞次郎（生野）だけであり、前者から後者への移行には馬車鉄道から汽車鉄道への移行にとどまらない、地域利害の変化が存在しているように考えられる。つまり先述したように飾磨県の復活を求める姫路においては、但馬と神戸をつなぐ兵庫県を単位とする広域圏形成には抵抗を示す傾向があり、当初の「生野飾磨間」構想が、「播但」と変更され、鉄道敷設に但馬の勢力が参加するにおよんでは、また山陽鉄道を通して但馬と神戸が繋がることには強い抵抗感を示したと考えられる。

　播但鉄道の敷設の仮許可がおりたのは明治26年2月であった。「格別利益ノ多カリサウナ線路トモ思ヒマセヌ」と評されたが、但馬と播磨の連絡に期待がよせられた。のちに丸山芳介を姫路にむかえる契機をつくる、工学博士南清に工事監督を委嘱し、明治26年5月30日に発起人から「本免許申請」がなされ、同年6月に免許がおりた。

　当初、本社は東京京橋区日吉町に求められたが、同年9月には姫路の西魚町に移され、東京には出張所が設けられた。その後、本社は山陽鉄道姫路駅構内に移される。当時の社長は藤田高之であったが、社員の募集や、用地買収には内藤利八・鹿島秀麿・岩田武雄があたった。敷設工事の着工は、27年2月で、同年7月に姫路－寺前間、28年1月に寺前－長谷間、同年4月に姫路－飾磨間と長谷－生野間が開通した。

播但鉄道の認可の遅延と陰陽鉄道連絡線構想

　播但鉄道の敷設申請が明治22年になされながらも、仮免許がおりたのは明治26年2月であったように、この遅延の要因には、政府内における鉄道「国有主義」の台頭があったようであるが、より具体的には政府内における陰陽連絡線構想の錯綜があったと考えられる。

　明治25年11月には、陰陽連絡線をめぐって、3つの構想があったようである。1つは姫路を起点として鳥取を経て鳥取県境港につながる線で、これは「東方」線と呼ばれた。そして他は、岡山より津山を経て米子にいたる「中央」線。倉敷から日野郷を経て米子にいたる「西方」線であった。

　中央線には、津山から倉吉を経る線と、津山から勝山・久世・江尾を経る線も構想されていた。またこのほかにも、明治26年2月には、東方線であっても、姫路ではなく、龍野を起点とする線路構想も存在し、西方線においても倉敷より西の玉島から境港をつなぐ線路構想も存在した。そして鳥取県境港からは倉敷を通した西方線を求める動きもあった。

　おおきくわけて、これら東方、中央、西方の3線について、明治26年2月に審議がなされた。西方線は「資本ガ多イガ為メニ利益ノ割合ガ一番少」かったようであり、鉄道会議では支持者はなかった。そして採択されたのは東方線であり、出席者23名のうち17名の支持をとりつけた。九州や土佐方面との連携を考慮して、中央線を支持する動きもあったが、商業的には米子と大阪の通商関係を

考慮する勢力と、軍事防衛を考慮する勢力の支持が強かった。そして、ここでは軍事防衛的な側面が強く働いたようである。

東方線は鳥取から境港にかけて日本海沿岸に即した線であるために防衛的には「陸軍ノ便利二是等ハナラヌ」という意見もでたが、当時並行して議論されていた京都－舞鶴線との関連において、軍事的には「京都カラシテ中間何処力宜イ線路ヲ見付ケテ姫路迄ノ線ハ付ケナケレハナラヌ」という雰囲気が高まっていた。こうした意見は谷干城が強く主張したものであったが、谷によれば姫路・京都・舞鶴は「土地ノ面積ノ狭イ所ダカラ外国ノ攻撃」をうけて占拠された場合には、日本は「東西実二蛇ヲニツニチギッタ」ようなものと例えていた。こうした軍事的な課題が絡むなかで東方線が採択されたのである。また京都と姫路を結ぶ軍事防衛用線路構想が、日清戦争後に申請される後述の京姫鉄道の敷設運動につながって行く。

和田山－津居山間敷設構想

播但鉄道は、政府内の陰陽連絡線構想における東方線構想にそったものと考えられる。播但鉄道は、明治28年4月に飾磨－生野間が開通するが、それ以前に生野より以北の和田山までの延長を企図したようである（和田山までの延長については明治27年7月に仮免許、同29年5月に本免許を得た）。そしてさらに明治27年9月には、和田山から津居山までの延長を申請した。同年8月の日清戦争が背景と考えられる。

この津居山までの延長申請については、他社との競合に直面したが、明治29年5月に播但鉄道に仮免許がおり、翌年8月に本免許がおりた。競合した会社は明治27年4月にすでに敷設を申請していた京都鉄道と、同年11月に申請した但馬鉄道であった。

しかしその後の播但鉄道の経営は芳しいものではなく、また生野－和田山間は分水嶺の難所が多く、そのために播但鉄道は明治34年8月に新井に達したところで、その先の新井－和田山間の敷設工事を山陽鉄道に移譲した。播但鉄道には「播但貧乏借金」と評される時代があったようである。あわせて、翌年3月には和田山－津居山間の敷設免許を返納し、自社も明治36年4月に山陽鉄道へ譲渡される途を選んだ。明治27年の飾磨－生野間開通から約9年の営業であった。そして、新井－和田山間の敷設工事が完成するのは明治39年4月

であった。

その後、陰陽連絡線は、山陰本線として、大正元年3月に設立されることになる。境港－米子－姫路を開通し、あわせて米子－松江－杵築町を分岐線として敷設することになった。明治33年に、鳥取県境から国営鉄道として起工されたが、予算不足となり、途中で播但線をもって陰陽の連絡線とすることに変更され、明治36年6月に陰陽連絡線の起点を姫路から和田山に変更した。そして、明治39年4月に福知山－境港間を「山陰縦貫線」として敷設することに変更された。

福崎駅のひとつ姫路寄りの駅。写真奥にＹ字型の分岐器が写る。Ｃ11形178号機牽引の列車。寺前発姫路行の区間列車。写真当時も現在もそうだが、このあたりの区間には寺前発着のほか福崎発着もあり、播但線内で一番運行本数が多い。なお、写真当時は甘地駅発姫路行の列車が平日上り1本だけあった。ただし、撮影日は日曜日で、写真撮影日に甘地発は無かった。
◎溝口　1970（昭和45）年10月25日　撮影：林 嶤

Ｃ57形46号機牽引の列車。集煙装置がなく煙突から勢いよく煙が出る。蒸気機関車撮影の成功と失敗は煙の出方に左右されることが多かった。また、この当時は、撮影向きのすっきりしたカーブが全国各地に点在したが、現在ではこうした撮影地がかなり減少した。◎福崎〜溝口　1970（昭和45）年10月25日　撮影：林 嶤

和田山寄りから見た福崎駅構内と貨物列車の編成を組むＣ57形46号機。写真左に写るのは現役当時の貨物側線。左奥、駅舎側のホームに見えるのは上り姫路方面行の普通列車でキハ35系。◎福崎　1971（昭和46）年８月３日　撮影：隅田 衷

飾り気のない旧駅舎時代の様子。現在は写真右側部分が自動車進入禁止の広場になり、左側部分は一方通行のロータリー化がされていて、駐車禁止対策が施されているが、写真当時は他の駅でもそうであったように、駅舎の出入口すぐのところへ車を乗り付けることができた。1998（平成10）年３月に姫路～寺前間が電化。電車は寺前駅まで。2010（平成22）年に現在の駅舎へ改築した。◎寺前　1982（昭和57）年９月１日　撮影：安田就視

生野駅が右側通行だとわかる写真。下り615D急行但馬3号で長谷方面から後追い撮影。奥に写るDD54牽引の列車は駅構内右側通行で停車中。急行但馬3号も駅構内右側通行で停車してDD54牽引列車と列車交換を行う。日本の通常の駅は原則左側通行。生野駅は特殊で右側通行だ。これは駅の北側（写真奥の和田山寄り）すぐに駅へ向かって急勾配の上り勾配があり、蒸気機関車牽引の上り列車（姫路方面）が登るためには、ポイント分岐を前に減速しては登り切れず、ポイント減速しないで済むようにポイントを直進する右側通行にした。◎生野　1971（昭和46）年1月15日　撮影：林 嶢

1960（昭和35）年改築の駅舎で、東口駅舎として現役の駅舎。現在は駅西側にも駅舎が設けられたが、従来からの駅舎は東側で、閉山した生野銀山側が表玄関。写真当時とその後の写真を見比べると、写真右側に円形の懐かしい郵便ポストが写るが、その後、写真左側の電話ボックス斜め下あたりに箱型の郵便ポストとなり、再び円形ポストがあった位置に箱型ポストが設置されている。◎生野　1982（昭和57）年9月1日　撮影：安田就視

無煙化前のDD54形の習熟を兼ねた蒸気機関車との重連をサイドビュー。
◎新井〜生野　1971（昭和46）年１月15日　撮影：林 嶢

SLブームの時代、お立ち台として有名だった撮影地にて。C57形113号機を先頭に３重連が爆煙を上げて峠を行く。３両目の前照灯が辛うじて煙に掛からず、３重連だとわかる。峠は３重連でなくても越えることはできたが、スキー列車を牽引したC57の回送をC57牽引の列車で行ったため、名物の３重連が登場し、これを目当てにお立ち台へファンが集まった。
◎新井〜生野　1971（昭和46）年２月13日　撮影：林 嶢

DF50を連結した蒸気機関車牽引列車。蒸気機関車の無煙化を掲げた国鉄は、蒸気機関車から牽引を受け継ぐディーゼル機関車の新製や配置を進め、各地で蒸気機関車牽引列車にディーゼル機関車を付けて無煙化に備え、習熟運転を兼ねた運用を行っていた。
◎新井～生野
1968（昭和43）年1月21日
撮影：林 嶬

都市近郊用のロングシート、両開き扉3箇所のキハ35系は、都市近郊を過ぎた山間の区間でもよく見られた。播但線の姫路駅寄りの寺前までの区間は都市近郊で、朝夕の利用客が比較的多い区間用のキハ35系が適したが、当時は播但線の姫路～和田山間を直通する列車が多く、運用上、都市近郊用として製造されたキハ35系も都市近郊から外れた和田山寄りの区間で運用した。これは、キハ35系が関西本線湊町～奈良間の都市近郊を想定して製造されたにも関わらず、運用上、その範囲を越えて、山深い同線の加太越えでも見られたのと同じようなことだった。
◎新井～生野
1968（昭和43）年1月21日
撮影：林 嶬

蒸気機関車時代の難所を行くキハ58系ディーゼル急行「但馬」。鳥取・浜坂～大阪間で運行され、多客時には城崎発着も運転。グリーン車を連結しない編成と連結する編成が存在した。生野駅や新井駅は停車駅（新井駅は一部通過）で、当時の特急「はまかぜ」は姫路～和田山間に停車駅がなく、播但線内の途中主要駅に停車する速達列車の役目を担っていた。下の写真は同じ撮影区間にて1968（昭和43）年に撮影のキハ55系を中心とした列車。
◎新井～生野　1974（昭和49）年1月19日　〔下の写真〕新井～生野　1968（昭和43）年1月21日　撮影：林嶢

回送のC57を連結した3重連を撮影するファンたち。撮影者側に煙が流れた。蒸気機関車の無煙化を前に、消えつつある蒸気機関車の煙を追って、多くのファンが各地へ押し寄せ、この3重連もよく知られていた。現在は黒い脚の三脚が多いが、当時はシルバー色の三脚が目立った。◎竹田〜青倉　1972（昭和47）年2月26日

前後のキハ35系でサンドした8両編成。4両目に郵便荷物合造車のキハユニ26が見える。和田山発姫路行の656Dが生野峠を越えるシーン。勾配のため、下り生野→新井に比べて上り新井→生野のほうが時間を要する。それは現在も同じである。◎新井〜生野　1971（昭和46）年1月15日　撮影：林 嶢

雪景色の峠を越えるDD54形24号機牽引の貨物列車。亜幹線用のディーゼル機関車として登場したDD54形は無煙化後の牽引機として客貨ともに運用され、最後までDD54形が運用されたのは播但線だった。◎新井〜生野　1977（昭和52）年2月11日

DF50形53号機と集煙装置を付けたD51形254号機が並ぶ。和田山駅は播但線の終着駅で、山陰本線との分岐駅。山陰本線の機関車も目にすることができ、豊岡機関区和田山支区もあった。DF50形は0番台で、スイスのズルツァーと提携したエンジン。ポンポン船のような焼玉エンジン風の音を発した。◎和田山　1961（昭和36）年7月16日　撮影：林 嶢

和田山駅の旧駅舎。駅舎玄関口には、特急はまかぜ号運転の開始をPRする看板が見られる。特急「はまかぜ」は、山陽新幹線岡山開業によって姫路駅が新幹線との接続駅になったことで1972（昭和47）年３月のダイヤ改正から運行開始。和田山駅は特急「はまかぜ」２往復中１往復の停車駅になった。◎和田山　1972（昭和47）年　撮影：山田虎雄

姫新線

キハ55系準急「みささ」で準急色。大阪〜上井（現・倉吉）間を運行し、大阪〜姫路間は東海道本線、山陽本線、姫路〜津山間を姫新線、津山で方向を変えて津山〜東津山間を再び姫新線、東津山〜鳥取間を因美線、山陰本線鳥取〜上井間で結んだ。列車名の「みささ」とは、倉吉近くの三朝温泉のこと。◎大阪　1962（昭和37）年3月31日　撮影：林 嶢

本竜野駅は旧龍野市の代表駅で現・たつの市の代表駅。写真は旧駅舎の様子で、急行が姫新線で運行され停車していた時代。車のスタイルも昭和っぽい。旧駅舎は、龍野市と近隣3町との合併によってたつの市が誕生した後も使用されたが、2009（平成21）年3月に役目を終え、その後解体。翌年に橋上駅舎の新駅舎になった。
◎本竜野　1982（昭和57）年9月　撮影：安田就視

姫新線、津山線の駅で因美線が乗り入れる津山駅。
写真の駅舎は現役。ただし、現在は駅前広場の整備
で駅舎の前にバスのりばが整備され、写真のように
駅舎を望むことはできない。写真当時は駅前広場に
自家用車を駐車するスペースがあり、このような駅は
当時全国各地で見られたが、現在は駅舎前での自家
用車駐車ができない駅が多くなった。写真左側にエッ
ク旅行という看板が写る。エックとは国鉄の各鉄道
管理局が旅行会社とタイアップして出した商品で、
乗車券や急行券とともにバス乗車券やスキー場の入
場券などをセット販売し、温泉旅行も人気だった。
◎津山　1970年代　撮影：山田虎雄

旧駅舎の様子。木製の改札ラッチが残る
古きよき時代の駅舎がJR化後も残ってい
た。写真手前はもう1線あった時代を感
じさせるスペースである。
◎美作追分　撮影年月日不詳

太市駅を発車したC58形。写真奥の駅には、C58が発車したホームとは反対側のホームから駅舎方向へ向かって構内通路を
渡る多くの人が小さく写る。現在の太市駅もホーム間の行き来は構内通路。近年、老朽化した駅舎が解体され、駅利用者の
ためのトイレなどを併設した運送会社の本社新社屋が旧駅舎跡地に竣工し、地域の駅の活性化として話題になった。
◎太市　1971（昭和46）年1月4日

『龍野市史』に登場する姫新線 (市史より抜粋)

姫津線の敷設運動

1922（大正11）年、政府は山陽道と山陰道との連絡線の必要から、「兵庫県姫路ヨリ岡山県江見ヲ経テ津山ニ至ル鉄道」の敷設を計画し、24年2月に姫路から測量を開始した。姫津線敷設計画が着手されたのである。この路線の選定をめぐって、龍野町の位置する揖保郡南部と林田・神岡・新宮などの揖保郡北部の各村との間で猛烈な運動が展開された。

龍野町では、1923年1月15日におりからの町役場問題を延期してまで、姫津線の龍野町経由を実現すべく、緊急協議会を開催し、そこですぐに「姫津鉄道速成請願書」を決議し、鉄道大臣に提出した。この請願書で主張していることは、龍野町が津山から姫路にいたる道中で唯一の大都市であること、素麺・醤油を中心とした工業生産がさかんであること、そのため製品および原料輸送のための交通機関が不可欠であること、既設の電車軌道では山陽線網干駅で積替えの不便が生じ、そのうえ輸送量にも限界があること、姫津線の開通によって輸送費の節減による生産費の減少が予測され、それが物価調節の一助となること、さらに揖保郡北部を貫通するより、南部に敷設するほうが沿道地勢平坦のため、工事費も節約できること、などであった。

これに対して、林田・神岡・太市・新宮の各村は、姫津線の敷設による経済の発展、振興に大いなる期待をかけ、各村長を中心に姫路市とも連絡をとりながら、龍野町に対決した。まさに対決という表現にふさわしい状況が続いた。1926年3月4日には、林田・神岡村民大会を開催し、一時は龍野町に対して不買同盟を結ぶことも辞さないというほどの激しい動きをしめしたといわれている。『神戸又新日報』の記事によれば、林田・神岡両村民が、「龍野町を膺懲せよ」と熱狂して叫んだとまで書かれている。

姫津線の姫路側からの線路選定は、激しい誘致運動のなかで、1927年4月に姫路・播磨新宮間の線路選定が終了した。第1工区である姫路・余部間の6.8キロメートルについては、同年7月に起工し、29年9月19日に竣工した。つづいて、第2工区である余部・東觜崎間10.6キロメートルは、同年5月22日に着工し、31年12月20日竣工した。第3工区である東觜崎・播磨新宮間4.3キロメートルについては、同年3月17日に着工

し、翌年3月21日に竣工した。

姫津線の開通

2年6カ月の歳月と総工費72万4000円を費やして、姫津線第2工区の工事は完成した。それにともない開通式が、1931年12月23日午前10時より、本龍野駅前で開かれた。約400名の関係者が出席して、盛大な開通式が開かれ、式後、揖玉座において祝賀宴も開かれた。当日は龍野町・小宅村の小学校生徒は全員旗行列によって、この開通を祝った。祝賀行事は23日から3日間続けられ、宝さがしや変装競争などの催し物でにぎわった。

姫津線開通当時の運賃については、本龍野から東觜崎までが5銭、太市までが8銭、余部までが15銭、高岡までが19銭、そして姫路までが24銭であった。なお、姫津線の名称は、1936年10月三神線の開通によって、従来の姫津線および作備線は、併せて、両端の姫路の姫と、新見の新をとって姫新線とよばれることとなった。

播電鉄道の営業廃止

姫津線の開通にともなって、もっとも打撃をうけたのは播電鉄道であった。姫津線開通以後の乗客数、貨物数量は激減したのである。

そのため同社は、1933（昭和8）年11月22日の臨時株主総会において、全線の営業廃止ならびに補償申請を決議し、同年12月1日に鉄道大臣に対してその申請書を提出した。

政府は播電鉄道会社の鉄道営業廃止にともなう補償のための公債発行を認め、1934年3月26日それを公布した。ちなみに、播電会社が政府からうけた補償金は、5分利公債額面57万2500円であった。また、鉄道営業の廃止に対しては、同年10月15日付で許可され、播電鉄道会社は同年12月15日をもって、鉄道の営業を全面的に廃止した。09年1月1日、龍野電株会社によって網干港・龍野町間が開通して以来、約25年間に及ぶ市域の電気鉄道の歴史はここに幕を閉じたのである。

高砂線

無煙化を翌年に控えた加古川駅での風景。加古川駅5番ホームの向うにC11形199号機牽引の高砂線貨物列車が入線。次の
ページ上の写真は、5番ホームに停車するキハ35系（加古川線列車）の横を通るC11形199号機牽引の高砂線貨物列車。写
真右側に側線が広がる。高砂線は加古川線とは逆の海側へ向かう路線。加古川駅構内を横切って高砂方面へ向かった。
◎加古川　1971（昭和46）年8月3日　撮影：隅田 衷（132〜133ページ、134〜135ページ　2枚とも）

（この写真の解説は150ページ下を参照）

旅客よりも貨物輸送がメインだった高砂線。旅客輸送の終着は高砂駅だが、貨物輸送はこの先の高砂港駅まで行われていた。単行のキハ06形43が写る。写真当時は旅客扱いの駅員が配置されていた頃で、1970（昭和45）年10月には、旅客列車が発着するものの、早々に旅客に関する駅員の配置が無くなった。◎高砂　1961（昭和36）年11月28日　撮影：荻原二郎

工業地帯の駅舎という雰囲気が伝わってくる写真。写真当時は出札口の営業が行われていたが、1970（昭和45）年10月の旅客扱い駅員無配置にともない出札口は閉鎖。駅舎は1984（昭和59）年12月の高砂線廃止まで使用された。
◎高砂　1963（昭和38）年11月28日　撮影：荻原二郎

『西脇市史』に登場する播州鉄道・播丹鉄道 （市史より抜粋）

播州鉄道と西脇地方

「西脇区長日記」には、播州鉄道開業当日の大正2年8月10日の条に、次のように記されている。

十日晴、本村ハ勿論各地鶴首期待セシ播州鉄道モ愈々本日ヨリ加古川西脇間ノ営業ヲ開始スル事トナリ、各株主ヘハ一回限リ加古川西脇間ノ往復バスヲ送リ、一般ヘハ向フ一週間汽車賃半減トシテ、上リ一番発五時五拾七分ヨリ下リ終列車着拾時二拾五分ノ間ニ於テ拾二回ノ往復ヲ以テ乗客ヲ優待セシニヨリ、降乗客頗ル多ク、過半ハ試乗ノ客ナルヲ以テ或ハ公園ニ或ハ萩ヶ瀬遊園地ニ至ル人続々アリテ大ニ賑ヒ、本村ノ一大レコードヲ造レリ

すでに述べたように、私鉄山陽鉄道（現山陽本線）が開通してすでに25年、この間南北鉄道。土鶴鉄道などの連絡線建設計画がいずれも流産していた。従って、北播地方の人びとは、4半世紀を経てようやく近代的な運輸機関を持つことができたわけで、関係者の喜びは大きかった。

そして鉄道の開通によって当地方の交通・経済・社会生活に大きな影響を生じた。先にも記したように、丹波方面からの筏流しは、大正13年の谷川線が開通して国鉄福知山線と接続することによって終わり、闘龍灘の堀り割りも不要となった。こうした水運に代わって播州鉄道は、酒造米・木材などのほか、とくに播州織の運輸に大きな役割を果すことになった。

ところで、この鉄道は沿線住民の自前の鉄道であることが特色であった。先に記した発起人の筆頭斯波与七郎は小野で、元貴族院議員、また追加発起人の筆頭大西甚一平は加古川で国包銀行頭取であった。合計50人の創立発起人を地域別にみると、兵庫県43人、大阪市1人、大阪府・滋賀県各1人で、資本金構成は、主として地場資本と県外の大阪資本から成っていた。県内発起人数の内訳は、加東郡9、加古郡9、多可郡8、加西郡8、印南郡5、武庫郡3、神戸市1で、市域関係者では西脇村の来住泰二郎・来住広次郎・来住兼三郎・高瀬定治郎、市原村の藤井茂兵衛、嶋村の岡沢礒玄太、下比延村の広田伝左衛門がいた。

播州鉄道の解散

大正2年4月、加古川～国包間の開業後、しばらくの間、播州鉄道は、旅客・貨物ともに次第に

その数量を増加したが、やがて大正3年の前後になると不況になり、とくに米価が著しく下落したため、農家は米の販出をさし控えるようになった。このことは主として酒造米の輸送にあたる播州鉄道の営業成績にも大きな影響を及ぼした。しかし大正5、6年になると、各種の事業が勃興し、播州沿線にも肥料・製紙・紡績・毛織などの工場があいついで設立され、酒造米の輸送とともに、その原料・製品の運送も盛んとなり、大正6～7年は創業以来の新記録といわれる程の増収となった。

この鉄道の乗車運賃は、当初並等1マイル（約1.6キロメートル）の率平均2銭7厘5毛で、特等はその5割増であったが、大正7年6月から並等1マイルを3銭に改めた。会社の資本金は、先に記したようにはじめ180万円であったが、不況に対処するため大正4年10月、108万円に減資し、のち190万円に増資し、さらに6年10月、500万円に増額した。

このように、第1次世界大戦に伴う好況によって順調な営業成績をあげていたが、大戦後の恐慌に伴う不況で営業不振をきたし、やがて株の無配当が続き、会社は借入金その他の負債の処理に追われて事業を継続することが不可能となった。そこで新会社を設立してこの播州鉄道の事業を経営させることになり、大正12年4月11日、播州鉄道株式会社取締役社長酒井栄蔵と播丹鉄道株式会社発起人総代酒井栄蔵との間に、前者の経営に属する一切の権利・物件を後者に譲渡する譲渡覚書を交換し、同年10月22日、地方鉄道譲渡許可申請書を提出して、12月14日その許可を受けた。

これより先、播丹鉄道株式会社は10月24日、資本金600万円、取締役社長酒井栄蔵で会社を設立していたので、12月20日現在で一切の引継ぎを完了した（引継証書作成の日付は21日付）。こうして播州鉄道株式会社は、大正12年12月29日、臨時株主総会を開いたうえで解散した。

播丹鉄道の開業

以上のように、播丹鉄道は大正12（1923）年播州鉄道を新たに組織がえしたものであった。のち播丹鉄道会社は、明石～三木線の敷設を計画し、同15年には認可をうけたが、その実現を果すことができなかった。

大正末ごろの営業成績を示す資料に接することができないが、昭和3（1928）年度上半期（4月～9月）の第10回営業報告書によると、当期利益金

はわずかに48,170円である。当時の財界の沈衰状態は商工業の不振をきたし、地方鉄道にも甚大な影響を与えていたもので、運輸成績は前期、前々期に比していずれも減である。そしてその不振に関して、「近時我社沿線各方面ニ於ケル乗合自動車ノ影響甚大ニシテ勢ヒ激烈ナル競争ヲ試ムニアラザレバ到底自動車ヨリ蒙ムル脅威ヲ除ク能ハズ」と記していることは注目に値する。

このため播丹鉄道みずからも旅客誘致を目的として乗合自動車や、砂利採取販売のための貨物自動車(加古川・三木・鍛冶屋・谷川駅)の経営を当期より開始したのであった。

このころ姫路に本店をおくフタバ自動車会社(大正14年創立)や、社自動車運輸株式会社を買収した神姫バス(昭和2年創立)など、近代的交通運輸機関としての乗合自動車や貨物自動車の台頭によって、播鉄が打撃を受け始めたことを示している。

播丹鉄道は、のちに述べるように、戦時体制下の昭和18(1943)年に国有化されるに至った。

（中略）

播丹鉄道の国有化

さて、昭和18(1943)年1月の第81回帝国議会において、北海道鉄道株式会社所属鉄道ほか11地方鉄道買収法が成立し、これによって播丹鉄道も政府に買収されることになった。その主要な理由は、(1)山陽・山陰の幹線を短縮するうえに、篠山線の建設とともにその重要性を増し、かつ野村・谷川間が「鉄道敷設法」予定線第83号線の一部に該当すること、(2)播州平野を縦貫し農産物が豊富であり、高砂線沿線が工場地帯化し、高砂港が良港で水陸連絡量も多いこと、(3)とくに沿線に多数の軍事施設および重要軍事工場が建設されており、たとえば陸軍演習場である青野ヶ原(加東・加西両郡にまたがる)に重戦車部隊が新設され、重戦車を輸送するために路線強化を行う必要があること、などであった。

このようにして播丹鉄道は、姫路・舞鶴間を結ぶ軍事上の重要線路として昭和18年6月1日、買収・国有化され、同鉄道会社は同日をもって解散した。買収区間は高砂浦・谷川間ほか89.9キロメートル、買収価格は1,463万2,140円(公債交付額1,503万4,125円)、当時の車輛数は、蒸気機関車12両、客車22両、気動車20両、貨車232両、職員数508人であった。いま鍛冶屋線は赤字路線として廃線が取沙汰されているが、ともかく国有化後約

40年その変貌は大きく、わずかに改築されずに残る古い駅舎が、かつての私鉄時代をしのばせるに過ぎない。

市史、町史のまとめは編集部にて作成。

三木線

加古川線から三木線が分岐する厄神駅でのキハ06形46。島式ホームの３番が三木線のりば。水溜まりがあちこちに見られた凸凹なプラットホームが、昭和の駅らしい。その後プラットホームは改修され、2008（平成20）年４月の三木鉄道廃止後に３番のりば側にフェンスが張られた。◎厄神　1959（昭和34）年１月16日　撮影：荻原二郎

国鉄三木線の三木駅の様子。三木市の中心部とは離れた駅で、神戸へ出るには神戸電気鉄道電鉄三木駅（現・神戸電鉄三木駅）で、厄神を経て加古川と行き来する流動がさほど多くはなく、営業成績が良くない路線だった。しかし、国鉄時代は加古川～三木間を加古川線直通で結ぶ列車もあり、それなりのニーズがあった。写真には園児や多くの利用客で賑わうシーンが写る。駅舎は第三セクター転換後も廃止まで使用され、その後は近くへ改修移築して三木鉄道記念公園の三木鉄道ふれあい館になった。◎三木　1973（昭和48）年12月5日　撮影：安田就視

北条線

北条町駅の旧駅舎。白壁で、瓦葺の立派な駅玄関口だった。北条町の駅名の読みは「ほうじょうまち」と読む。加西市になる以前に存在した自治体の北条町は「ほうじょうちょう」であった。駅舎や駅構内は、駅移転にともない解体された。
◎北条町　〔上の写真〕1963（昭和38）年3月10日　撮影：荻原二郎
〔下の写真〕1973（昭和48）年12月5日　撮影：安田就視

鍛冶屋線

中村町駅とともに大柄な木造駅舎だった。中町は織物産業で知られた町で、昭和30年代の駅舎写真からも当時の賑わいが感じられる。駅は、1990（平成2）年4月の鍛冶屋線廃線にともない廃駅になったが、駅舎は改修整備して鉄道資料館の鍛冶屋線記念館になり、駅舎の向こうにはキハ30形の加古川線色が静態保存展示されている。
◎鍛冶屋　〔上の写真〕1961（昭和36）年8月11日　撮影：荻原二郎、
〔下の写真〕1973（昭和48）年12月5日　撮影：安田就視

【解説】
辻 良樹（つじ よしき）
1967年滋賀県生まれ。東京で鉄道関係のPR誌編集を経てフリーの鉄道フォトライターに。現在は滋賀県を拠点に著作。著書に『関西 鉄道考古学探見』（JTBパブリッシング）、『日本の鉄道150年史』（徳間書店）のほか、『北海道の廃線記録』シリーズ各編（フォト・パブリッシング）、『阪和線、紀勢本線 1960～2000年代の思い出アルバム』『山陽電鉄・神戸電鉄・神戸市営地下鉄 街と駅の1世紀』（ともにアルファベータブックス）など。2023年の春から朝日新聞滋賀版にて滋賀の鉄道に関するコラムを連載。

【写真提供】
荻原二郎、隅田 衷、髙山禮蔵、野口昭雄、野沢敬次、長谷川明、林 嶢、安田就視、山田虎雄
PIXTA（P24上、P24～25下、P25上、P40下、P41下、P42下、P43下、P53上、P53下、P54上、P61下、P62上、P62下、P63上、P63下、P90上、P94上、P102下、P103下、P112下、P139上、P140上、P141上、P146～P147下、P148）

福知山線
篠山線、加古川線、播但線、姫新線
高砂線、三木線、北条線、鍛冶屋線
1960～90年代の思い出アルバム

発行日………………2023年11月5日　第1刷　※定価はカバーに表示してあります。

著者………………辻 良樹
発行者………………春日俊一
発行所………………株式会社アルファベータブックス
　　　　　　　　　　〒102-0072　東京都千代田区飯田橋2-14-5 定谷ビル
　　　　　　　　　　TEL. 03-3239-1850　FAX.03-3239-1851
　　　　　　　　　　https://alphabetabooks.com/

編集協力………………株式会社フォト・パブリッシング
デザイン・DTP ………柏倉栄治
印刷・製本……………モリモト印刷株式会社